石畑街道

CAFFÈ ARCO
di Campagne

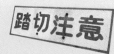

踏切注意

湯涌温泉
ほくてつバス

次元突破！

動漫迷的聖地巡禮

10 部超人氣動漫 × 100 個熱門動漫場景滿載攻略

hinac ◎著

平凡景色的百般不凡情緒

PTT C_Chat 板主 · 瘋法師

　　聖地巡禮本是指信徒的朝聖行為，在宗教的聖地尋求靈性的過程。但被引用至 ACG 愛好者之中則是指到愛好作品所根據的實際地區尋找作品中的感受與思緒的一種行為。尤其是日系的 ACG，在動畫、漫畫和遊戲互相結合的產業之中，也常加入了當地要素。所以許多愛好者可以發現喜愛的作品中出現的場景都是有所本的，都是可以實際所見所觸所感。

　　筆者是 PTT 上的 ACG 聊天板──C_Chat（希洽）的板主群之一，本書作者 hinac 在 2011 年時就於本板發表過不少聖地巡禮的文章，相當令人印象深刻。筆者認為以聖地巡禮為主題的旅遊最重要的就是愛了，也就是對作品的熱愛。一般人旅遊時尋找的不外乎是有名的景點，但聖地巡禮所尋找的是那些「平凡」的景色。那些在作品中出現的平凡景色，不一定是在什麼有名的地點發生，也許就是作品中的人物們平常上下課所經過的路，社團集訓時集合的地點，平常一起去玩時所經過的商店街。走過這些作品中人們生活的地點，看著一樣的景色，心中所湧起的也許是感動、興奮……或是其他的情緒，但這就是愛好者各自的體會了。

　　hinac 的文章就有著這種思緒存在，從字裡行間到那精美的比對圖就看得出來。作者拍下的照片和作品中的畫面可說是幾乎相同，再加上詳細的旅遊心得，從行程規劃到完整的場景介紹，是想進行聖地巡禮的愛好者相當棒的指南。就算只是買來看看，也能從那詳細的場景比對感受到愛好作品的作者在考據上的用心，相信是很值得購買的一本書。

體驗動畫角色的生活

網路名人‧mayaman 馬雅人

近來向現實取景、試圖將漫畫與日常生活結合的日本動畫不在少數，本書作者 hinac 則實際踏上了這些場景。

從作者的描繪中，讀者好像能親歷鷲宮及今宮神社，並從中想像《幸運☆星》柊家姊妹一日的生活與《K-ON！輕音部》的新年參拜，不知不覺也就體驗了動畫角色的生活。

我藉由本書一窺了幼時在《蠟筆小新》中出現的「春日部」風貌；在「多摩中心」一節裡體驗了《科學超電磁砲》單軌電車與市街的風情、想像著多摩中心的未來科技世界；跟著文字走入《冰果》中千反田宅時，我感嘆「豪農宅邸」日式莊園的壯觀與名門生活；《我的妹妹哪有這麼可愛》中台場的「東京國際展示場」是 comic market 舉辦的地點，《未聞花名》定林寺的痛繪馬，我想亦不失為動漫迷的朝聖標的……閱讀這本結合著動漫與實際場景介紹的小書，對於熱愛動漫的人而言，應該不失為一件快事吧！看完本書，燃起了動漫迷的悸動，或許開啟動漫迷「詠物成金」的風潮。雖然本人不是動漫迷，但也深深為本書所吸引，在馬雅曆結束新紀元開始之時，誠摯地推薦給大家。

觸動異次元的感動頻率

《鐵道情報》總編輯・古庭維

前些年，台灣開始流行起壯遊，一時間好像身為青年，都應該要這樣遊一次才有所成長，否則就被視為青春留白。但是，有些人的壯遊，真的遠赴世界的角落，甚至歷劫歸來，同時有些人只在台灣環島一圈，就覺得「夠了」。而大旅行除了勇氣之外，還需要很多時間和金錢，還真不是人人玩得起呢。

其實，旅行沒有這麼複雜或嚴肅啦！

到底什麼是「旅行」呢？每個人都有不同的見解，也有自己喜愛、習慣的方式，旅行的定義，由旅人來決定。籌備了半年，在陌生的國度浪跡一個月，是一種旅行。拾起行囊，到某個偏僻的農村生活半個月，也是。突然好想看海，於是隨意搭上一班開往海岸的火車，更是。

簡單的「主題旅行」，就能帶來永遠的回味，因為這是觸發感動的捷徑。聽到 hinac 請我撰文推薦《次元突破！動漫迷的聖地巡禮》的時候，實在很訝異，因為我的動漫程度約莫停在小叮噹，頂多加個神奇寶貝、ケロロ軍曹、海賊王，該不會只是因為我的專長「鐵道」和動漫都被歸類在「宅屬性」吧？

「不要擔心啦！這是輕鬆的旅遊書，是旅遊類唷！」hinac 這樣說服我。於是，我也帶著朝聖的心情，閱讀了這一篇篇簡單、平實，但是興奮之情溢於言表的旅行故事。

這些經典動漫畫，我頂多聽過，卻不熟悉，動漫畫的世界本身就是一個異次元空間。但是在一段段的場景故事裡，彷彿是觸動到某種頻率，我很輕易地被帶入了這些陌生的螢幕與紙張中，跨越了次元的鴻溝，在這之間所流露出的感動，更是一致貫穿了每一個不同的場景，和每一部不同的動漫作品。若是身為本格派的動漫迷，相信會有更強烈的共鳴吧！

　　毫無疑問，能夠帶著熱情，追尋某個當下的悸動，就是最好的旅行。

現實與非現實的交織愛戀

hinac 2012.11 台北自宅

動漫畫，在你的心中佔有什麼樣的地位呢？

對我而言，它是日本文化的入門教科書、是與時俱進的日語學習良伴、是與人交流、打開話匣子的好幫手。

最重要的是，它是出口，是一個逃避現實世界紛擾的出口。

在繁忙的求學與職場上，我碰到困難最常選擇的方法，就是逃避，我不會跟《友少》的星奈一樣大喊「Universe～～」然後跑開，而是躲進與現實迥異的異次元裡。在電視前看著動畫、在床上或是馬桶上翻著漫畫，是我面對無解難題或世間風雨最簡單的方法，也總是能讓我得到心靈的慰藉。

從大學開始揹著行囊浪跡天涯的我，在偶然的機會下接觸到「聖地巡禮」這樣一種旅遊類型，走訪喜愛的作品場景、走入螢幕中與紙張裡的感覺是十分難以形容的，除了聽覺與視覺外，平常用不到的嗅覺、味覺與觸覺都發揮起它們應有的作用，吃著《冰果》裡千反田做的飯糰、摸著《K-ON！輕音部》裡梓喵坐過的長凳、嗅著《TARI TARI》裡略有鹹味的海風，這一切是多麼地神奇，也多麼地迷人啊！次元的鴻溝消失了，我雀躍地遊逛在一個又一個場景中。動畫帶給我逃避的出口，動畫的「聖地巡禮」，則帶給我回歸現實生活的勇氣，以及力量。

感謝曾經在一路上幫助我的人：在京都送我補給品的輕音迷網友阿雅小姐，滋賀縣豐鄉町的宮川博史先生、相宗昭紅女士，花鳥園集團的加茂智子女士、福島信子女士，幫忙聯絡相關事宜的友人潘冠宇先生，以及兩位協助拍攝的 Cosplayer 有沙さん、メイさん，以及常常接受我無理要求的編輯們。

這本書收錄的十部作品是我的王道，希望你會喜歡，也希望哪一天，我能有機會認識你的王道。

目錄 CONTENTS

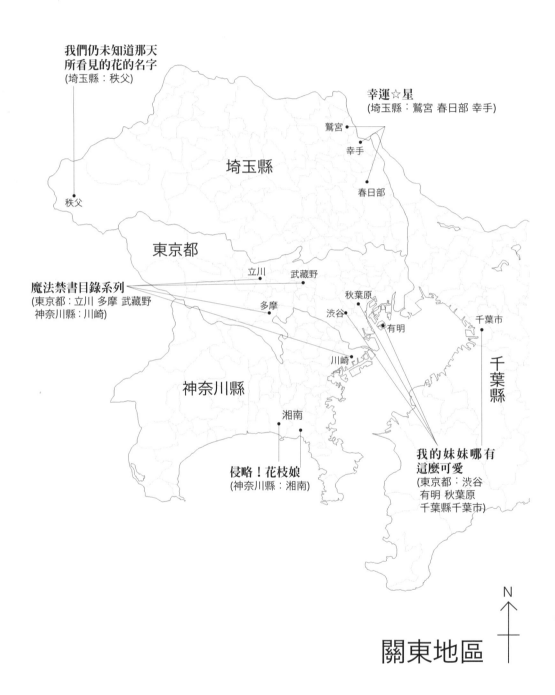

我們仍未知道那天
所看見的花的名字
(埼玉縣：秩父)

幸運☆星
(埼玉縣：鷲宮 春日部 幸手)

埼玉縣

鷲宮

幸手

秩父

春日部

東京都

立川　武藏野

魔法禁書目錄系列
(東京都：立川 多摩 武藏野
神奈川縣：川崎)

多摩

秋葉原

渋谷

有明

川崎

千葉市

神奈川縣

千葉縣

湘南

侵略！花枝娘
(神奈川縣：湘南)

我的妹妹哪有
這麼可愛
(東京都：渋谷
有明 秋葉原
千葉縣千葉市)

N

關東地區

冰果
(岐阜高山 靜岡掛川)

花開物語
(石川 金澤 能登半島)

涼宮春日的憂鬱
(兵庫西宮 尼崎)

K-ON！輕音部
(京都 滋賀豐鄉)

我的朋友很少
(岐阜 東京 群馬高崎)

幸運☆星
(京都)

青森

秋田

山形

新潟

福島

栃木

群馬

茨城

埼玉

千葉

東京

神奈川

山梨

長野

富山

岐阜

靜岡

三重

奈良

大阪

和歌山

京都

滋賀

兵庫

岡山

鳥取

島根

広島

山口

香川

德島

愛媛

高知

福岡

佐賀

大分

熊本

長崎

宮崎

鹿児島

能登

金澤

N

日本全國圖

化身為當心兒童路標的小唯，咬著吐司，快遲到囉！

1

K-ON！輕音部
來當一日櫻高生！

名稱：《K-ON！輕音部》（けいおん！）
播映時間：
日本：第一季 2009 年，第二季 2010 年，
　　　電影版 2011 年
台灣：第一季 2010 年，第二季 2010 年，
　　　電影版 2012 年
製作公司：京都動畫公司

「對我們『放學後 Tea Time』而言，學校的體育館，就是我們的武道館！」──平澤唯

　　對一個動漫迷而言，就算沒看過，應該也聽過《K-ON！輕音部》吧？主角群在因緣際會下加入面臨倒社的「櫻之丘女高輕音樂社」（桜ヶ丘女子高校輕音部）後，她們以「玩樂團」之名，行「喝茶聊天」與玩樂之實復活了這個社團；搭上讓人會心一笑的簡單笑點、用心鋪陳的故事內容、細膩的人物刻劃、可愛的角色群，配合好聽的樂曲和細膩的畫風，《K-ON！輕音部》就是這樣一部「小題大作」且溫馨又輕鬆的療癒小品，而這也就是我深深迷上它的原因。

片頭裡主角們奔跑的松ヶ崎橋畫面

京都

在整部動畫中，除了「櫻之丘女高」外，其他主要「外景」幾乎都集中在京都（當然要扣掉電影版的部分，電影版一半是在倫敦畢業旅行）。

在某個契機下，《K-ON！輕音部》成為我的聖地巡禮「處女巡」之地，因是小品的關係，同樣的場景出現頻繁，比起其他動漫作品來說，算是相對容易找到的，有些地方甚至不用對照動畫截圖都能看得出來呢！不僅如此，比起一些場景分散日本各處的動畫作品，去京都就能進行「半套」輕音巡禮，C/P 值高得咧！

修學院地區

跟著小唯上學去！

想在京都市內進行《K-ON！輕音部》聖地巡禮精華版的話，搭乘地鐵烏丸線到「松ヶ崎」站下車，是不錯的開始。市公車一張500 日幣的一日乘車券並不包含修學院地區，且這邊離市區已經有段距離，除非是用關西周遊券，不然搭乘地鐵再走過去算是比較省時的方法。

出了車站，我拐進旁邊的 103 號府道，這條在北山通開闊後隱身於住宅區中、不到八米寬的道路，就是聖地巡禮的起點。從車站往東走，看到一座灰色的鳥居，還有兩個紅色的燈籠，旁邊的這戶民宅，就是常常做為串場出現的：平澤家。外觀跟動畫裡面

姊妹愛的通學路

有些落差的平澤家其實不難認出，靠著旁邊的一些標的物就可以找到。

　　沿著這條在動畫中常常出現、被日本網友稱為「姊妹愛的通學路」的道路往東走，小唯狂奔的場景、姊妹在下雨時一起相親相愛上學的場景、與鄰居老婆婆互動的場景，都一一浮現眼前，一張、兩張、三張……我一路不停地對照動畫裡的場景，走過了紅綠燈，「松ヶ崎橋」就在眼前了。

　　北山通從「松ヶ崎橋」一路到叡山電鐵「修學院」站以東、白川通為止的區域，要算是《K-ON！輕音部》在京都場景最密集的地方，這座水泥橋樑乍看不起眼，卻曾出現在第一集的片頭曲以及諸多地方；而往路上的紅綠燈、斑馬線、人行道，只要仔細觀察，也都能一窺「端倪」。

　　被周遭的場景「牽絆」了半個鐘頭以後的我，總算來到場景大本營，主角們上學利用的車站：叡山電鐵「修學院」站。

　　只要稍微看過動畫的人，看到這座車站，一定會和我一樣立刻發出「哇～」的感嘆，因為幾乎都與動畫內 100％雷同！除了片頭多取材自此外，凡是跟出遊、上下學有關的場景，幾乎也都在這

一期片頭裡小紬特寫的背景，北山通與白川通交叉口。

知名的「踏切注意」標示

梓、純、憂三人曾一起坐在最中間的板凳等車。

第一季第一集裡小唯狂奔上學、小紬正在刷卡出站的畫面。

裡，像是畢業旅行出發的清晨，大家集合的場景；鈴木純對黑梓喵說「你是誰？」的吐槽；小和與小唯的對話：「準備期中考所以比較晚回家」、「期中考！」……站在修學院站，這些場面和台詞，都一一地浮現腦海。

車站附近最明顯的標記，要算是平交道前的「踏切注意」標示了，獨佔第一季片頭開頭 0.5 秒的這塊板子，可是讓很多人留下深刻印象呢。也因為如此，雖然我巡禮的日子不是假日，但仍然排了一回隊才拍到這塊鐵牌標示，看來，中了《K-ON！輕音部》毒的愛（ㄕㄡˋ）好（ㄏㄞˋ）者，真的不少。

交通：可搭乘市營地下鐵至「松ヶ崎」站，或是搭乘叡山電鐵至「修学院」站。市公車多線可到，使用一日乘車券需補差額。

JEUGIA

買把吉太回家吧！

　　以為輕音部是「輕」鬆玩「音」樂而入社的天然呆小唯，入社後發現等待她的是最重要的吉他手兼主唱。被騙上賊船的她，與成員們一起前往樂器行購買「吉太」的樂器行，其實真有其店喔！劇中的「10GIA」實際上是坐落於京都新京急商店街的「JEUGIA」，到京都的當晚，我也就來到這裡朝聖。

　　現實中的「JEUGIA」不僅是樂器行，而且是一間大型的複合影音販售店，總共七層營業樓面的「JEUGIA」，有很大一部分賣場是在販售影音商品。走進店內，一樓即有輕音專區，在這裡購買輕音商品的話，還能拿到專屬JEUGIA的特典，算是不錯的「紀念品」。

　　店內是允許攝影的，我問過店員後，就搭著電扶梯來到出現在動

樂譜區放有角色們的看板

JEUGIA 一樓的輕音專櫃

畫中的 B1 樂器專賣區，搭上這座曾出現在影片中的扶梯，真的有一種次元錯亂的感覺，彷彿真的進入輕音世界中的不真實感，一時之間，令人百感交集……接著，取而代之的是種莫名的興奮，因為映入眼簾的，就是主角們挑吉他、換弦、甚至吵架過的地方，雖然店舖的裝潢略有更動，但整體氛圍還是讓我著迷地駐足於這個地下室的狹小空間裡，內心澎湃不已！

　　環顧四周，成員的角色海報貼於店內各個販售區，小律海報貼在爵士鼓區、小唯與澪貼在吉他與貝斯琴譜區，「JEUGIA」，給你一個 good job 啦！

JEUGIA
地址：京都府京都市中京区三条通寺町東入石橋町 11
電話：075-254-3730
時間：10：30 ～ 20：30
網址：http://sanjo.jeugia.co.jp
交通：可搭公車至「三条河原町」或「四条河原町」下車。

小律與電子鼓

10GIA 貼紙只有這裡獨賣！

今宮神社

京都寺廟何其多，輕音神社僅一間

　　聽到「鷲宮神社」會想到什麼？如果想到「關東最老神社」，絕對會被叫作日本通，但我想動漫宅大概八成都會想到《幸運☆星》作品中的柊家姊妹老家吧。

　　擁有廣大粉絲以及大量取材現實場景的《幸運☆星》與《K-ON！輕音部》被稱為關東、關西兩大聖地作品。「鷲宮神社」掛滿了粉絲繪馬；《K-ON！輕音部》的粉絲當然不落人後，主角群們在新年參拜時前往的「今宮神社」就被暱稱為「輕音神社」。

　　「今宮神社」並不是京都有名的神社，但是一間古老的神社（話說回來，京都哪間神社不老？），搭著唯一一條經過的 46 號市公車在神社門口下車，我踏進了神社社域，社域並不大，但古木參天，

繪馬掛

境內小社寺也多，由於沒有太多觀光客，靜謐的氣氛很適合走走看看。

參拜後，這趟今宮神社巡禮的重頭戲，就是那掛滿輕音繪馬的繪馬掛了。

「幾乎沒有『正常』的繪馬呢！」我感嘆道。

沒錯，這滿滿一面的繪馬牆，幾乎都被輕音粉絲們掛滿了！巡禮者們不僅寫上對輕音的愛，畫圖的也不少，彩繪的更是有好幾張，仔細翻閱這些繪馬，從「niconico 動畫」出道的樂團「王國バンド」（最出名的就是他們的樂手面紙姬）居然也在演唱會前來過這裡祈願呢！

輕音粉絲的繪馬

今宮神社
地址：京都府京都市北区紫野今宮町 21
電話：075-491-0082
時間：9：00 ～ 17：00
交通：可搭 46 路市公車在「今宮神社前」下車。

京都美食

咖啡さらさ西陣

　　京都的餐廳不少，百年老店或是名店更是多，但是跟「輕音」扯得上關係的名店，也只有這間「咖啡さらさ」西陣店了。

　　這間建物本身有八十年歷史的咖啡簡餐店，跟台灣很多文藝咖啡館一樣，是老建築翻修而成。原本是大眾澡堂（錢湯）的建築，在澡堂歇業後由京都有名的咖啡廳「さらさ」接手，門口那個「唐破風」的屋頂，與《神隱少女》裡面的澡堂如出一轍；溫泉旅館或澡堂長這個樣子，大概是「定番」了吧。

　　輕音迷看到這裡，一定想說：「她們何時來過這家咖啡廳啊，我怎麼都沒印象？」

　　沒錯！這間咖啡廳是第一期十一話小唯說「一直很想來一次！」的餐廳，出現在作品中的僅有內部，沒有外觀。但名店不愧

咖啡さらさ西陣外觀

是名店，門口這個場景，就是《科學超電磁砲》官方網站首頁御坂美琴、白井黑子、初春飾利、佐天淚子出現的那張背景啊！豐崎愛生出現了兩次，或許有機會玩「聲優梗」也說不定！

　　走進餐廳內部，原始澡堂的痕跡歷歷在目，漂亮的磁磚、昏暗的燈光，有種洋溢著「潮」的氣質感，在這裡啜飲一杯咖啡，吃點便宜又好吃的簡餐，誰說阿宅不能裝文青？哈！

門口一景，與《科學超電磁砲》官網底圖一模一樣！

咖啡さらさ西陣

地址：京都府京都市北区紫野東藤ノ森町 11-1　　**電話**：075-254-3730
時間：12：00 ～ 23：00（週三休）　　**費用**：約 1000 日幣
網址：http://sarasan2.exblog.jp　　**交通**：可搭公車至「大德寺前」下車

動漫小常識：聲優梗

聲優梗是網路上（尤其是 niconico 動畫）中常出現的二次創作，最常見的做法是擷取聲優幫 A 角色配的台詞，放到同一聲優配音的 B 角色身上，讓 B 角色也能夠說 A 角色的台詞。如果反差很大或是很有戲劇「笑」果的二次創作會成為話題，例如豐崎愛生在《輕音部》中配音的是平澤唯（Hirasawa Yui），在《科學超電磁砲》中配音的是初春飾利（Uiharu Kazali），網路上所說的「唯春」（Yuiharu）就是這樣來的。目前一些官方發行的 DVD 特典影片中也加入類似元素。

よくできました。

豐鄉

　　滋賀縣豐鄉町，一個沒沒無聞的小城鎮，2009 年因《K-ON！輕音部》的出現，讓它成為全日本、甚至世界各地動漫迷的焦點。原因無它，這個小鎮之中本來要拆除，卻在町民們奔走下修復保存的豐鄉小學校校舍，就是劇中「櫻之丘女高」的校舍原型。走入豐鄉、走入豐鄉小學校，次元的隔閡，就如同不存在一般；那間讓她們擁有慵懶午後的社團教室，就在我的眼前重現。

豐鄉町內
從聖地到聖城

　　算一算，我已不只一次來到豐鄉。第一次前往豐鄉時，因為旅費拮据，所以晚上就睡在鄰近城鎮的麥當勞。順道一提，那間麥當勞就是《中二病也要談戀愛！》裡面出現的那間速食店，劇中常出現的車站、大橋都在附近。

化身為當心兒童路標的小律

　　當我抵達這個小鎮時，是個寒冷的冬天，卻從四周濃濃的「輕音氛圍」之中感受到當地人對於作品、旅人們滿滿的熱情。

　　豐鄉之所以被稱為「聖城」，不僅是因為有著「聖地」豐鄉小學校，而是因為整個小鎮的「輕音化」。在當地人大力支持以及同人作家和京都動畫公司的協助下，站在車站月台上就能看到同人作家的大型畫作看板。走在路上，一路可以看到商店貼起的輕音海報、麵包店賣著小豚（豚ちゃん，養在社團

近江鉄道 豊郷駅
illustration:MiRA&すなめりおいしー（ねこみんと）

近江鉄道 豊郷駅
illustration:MiRA&すなめりおいしー（ねこみんと）

萌化的豐鄉站月台

裡的烏龜）麵包、服飾店販賣當地刺繡的角色Ｔ恤，旅遊服務中心
也有各式「聖地限定」紀念品，甚至町內還有間全世界唯一的輕音
加油站。

　　除了這些商品與佈置外，日本各地都有的「當心兒童」路況標
誌，也在居民出錢出力下，換成了輕音角色們（甚至還有初音未來
與《幸運☆星》的泉此方！）；更別說豐鄉小學的那間「社團教室」
在當地民眾與粉絲一同努力打造下，相當程度地「再現」了動畫裡
的樣貌。豐鄉就是一個對粉絲如此友善的城鎮，一個讓粉絲勇於「追
夢」的國度。當然，他們用心設計的「陷阱」，也使得我一到這裡
都會荷包大失血，看到那些「限定」商品，恐怕沒幾個人能狠下心
不掏出腰包吧。

　　謝謝你們的努力，帶給了輕音迷們這麼多的歡樂，以及美夢。

在豐鄉，初音不是軟體，是路標！

全世界唯一一台「輕音洗車機」！

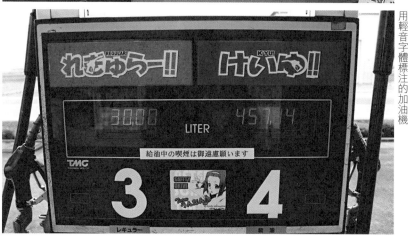

用輕音字體標注的加油機

宮川石油（輕音加油站）
地址：滋賀縣犬上郡豐鄉町吉田 1480-5
網址：http://miyaseki.blog25.fc2.com
電話：0749-35-2561
時間：7：30 ～ 19：00（週日休）
交通：搭近江鐵道至「豐鄉」站下車，徒步 15 分即可到達。
其他：店內提供腳踏車租賃（一日 500 日幣），可提前 E-mail 預約並於豐鄉站領車。店內可索取「當心兒童」標示的地圖，按圖索驥，尋找分佈於町內的角色看板。老闆宮川博史非常好客，可向他請教當地情報。

豐鄉小學校

潛入櫻之丘女子高校！

　　搭乘近江鐵道在豐鄉下車的人，除了當地人以外，目的地大都是相同的，就是那個傳說中櫻之丘女子高校的原型——豐鄉小學校舊校舍。在輕音部走紅之前已因古蹟保存成功紅過一次的校舍，除了成為國有文化財外，現在也因為「輕音迷聖地」，在日本廣為人知。

　　從車站步行不到十分鐘，就來到這個跟動畫中幾乎一模一樣的校區，故事裡的圖書館現在做為旅遊服務中心，除了提供紀念章、物品販售及諮詢外，每逢假日也開設輕音咖啡廳，裡面放了不少輕音收藏品。

　　禮堂可以自由進入，除了因為是小學，校舍高度有點降低外，跟劇中場景可說是百分百相同，我走到舞台前，想好好感受一下主角們第一次演奏時，澪經典的「藍白碗」畫面，相信不少巡禮者也會做同樣的事情。

　　離開了這兩棟校舍，跟不斷在劇中被學生 cosplay 的銅像打了招呼，走進校舍主樓換上室內鞋的那一瞬間，我好像真的有到了櫻高上課的感覺……校舍的走廊、樓梯扶手那象徵龜兔賽跑的雕塑，都是劇中熟悉的景物。

小道具皆由熱心人士提供

　　我拾階而上，喳唧喳唧的地板、古樸的味道，都讓人感到安心。三樓「社團教室」的門口，放了隻跟劇中一樣的青蛙擺設，我輕聲推開門，走進這間輕音部員們朝夕相處的社團教室，坐在平常大家放書包，也是梓喵聆聽學姊們畢業演唱的長凳上。

　　此刻，外面的喧鬧聲戛然而止，彷彿進到了異時空一般，看看黑
板上粉絲們的塗鴉，眼前這些故事中曾出現的小物：吃到一半的下午
茶、佐和子老師幫大家準備的衣服、揉掉的社團申請書、燒熱水的水
壺、卡式錄音機……就好像她們才剛離開社團教室……這種時空交錯
感，或許就是聖地巡禮的魅力吧！

35

故事中也出現過的「簽名板」與大家的室內鞋，由「有愛」的粉絲捐贈製作。

琴吹 紬　部長り☆つ　平沢　中野梓　mio

ＨＴＴ的「武道館」：禮堂

教室裡的「吉太」，跟本尊很神似吧！

地址：滋賀県犬上郡豊郷町石畑 518 番地
電話：0749-35-3737
時間：8：30 ～ 17：00（週六、日為 9：00 ～）
咖啡廳營業時間為週六、日 11：00 ～ 17：00
費用：免費，cosplay 可，若需更衣間須付費。
網址：http://bushitsu.blog47.fc2.com
交通：搭近江鐵道至「豊郷」站下車，徒步 10 分鐘即可到達。

豐鄉美食
遠近馳名的烏龍麵店「玉屋」

　　說到豐鄉美食，十個當地人有九個都會推薦這家離車站不遠的「玉屋」烏龍麵店。

　　這家以純手打烏龍聞名的烏龍麵店，不僅當地人讚不絕口，也有許多外地人慕名前往。

　　冬日的午後，我走進了這家店，在阿桑的熱情招呼下，選擇了正中央的座位。純日式裝潢的店內空間寬敞，不僅有座位區，還有包廂與榻榻米座席可坐。順道一提，雖然是日式裝潢，但店內也能見到輕音海報，包廂的門簾也是輕音角色，日本酒標籤更貼上了輕音角色呢。豐鄉啊豐鄉，你實在太超過囉！

　　我點的「狐烏龍」（配料是一片豆皮的烏龍麵）不一會兒就送

來了，乍看之下沒有什麼特別之處，但吸飽湯汁的豆皮甜而不膩，手打麵條頗有嚼勁，加上清甜不鹹的湯汁……這一刻，我總算知道為什麼一堆人慕名而來了，真是太好吃啦！

地址：滋賀県犬上郡豊郷町高野瀬 505
電話：0749-35-2111
費用：店內供應烏龍麵、拉麵與丼飯，單點約在 400 ～ 800 日幣間，經濟實惠。
交通：搭近江鐵道至「豊郷」站，徒步 5 分鐘即可到達。

玉屋內部

39

豐鄉聖地紀念品 GET！

　　想要買豐鄉專屬的輕音紀念品，其實一點難度也沒有，小學校裡面的旅遊服務中心就有販售所有豐鄉限定的輕音紀念品。雖然蒐集難度等於零，接下來要考慮的，當然就是「銀彈」了！在這裡，相信每個動畫迷都會乖乖掏出荷包來買個一兩樣，光是我第一次前往時順便開團幫人代購的總金額，就高達五萬日幣，絕不誇張！

檜木杯墊：日幣 1000/ 枚

　　全套八枚，堪稱最多人買的聖地紀念品，六角形的檜木杯墊上刻了 Q 版角色圖案，以及「豐鄉巡禮」的字樣，非常有代表性。因為用料實在，加上實在是太可愛了，想要蒐集全套不一定有機會，我可是跑了兩趟才買到全套呢！

紀念 T 恤：日幣 3000/ 件

　　想炫耀自己來過豐鄉又想告訴別人你是輕音迷嗎？那就買件 T 恤吧！用當地傳統刺繡編成的角色圖案，以及日本製的布料，只以這個價格販售，絕對划算喔！

手機吊飾：日幣 500/ 個

　　豐鄉小學（櫻丘高校）校舍最特別的，就是那個龜兔賽跑的銅雕了，實體化的銅雕小巧可愛，掛在手機上，圈外人看了絕不會發現你是阿宅，圈內人看了還會賞你個 good job ！

巡禮攻略

💡 行程安排：

　　若僅想要走一趟精華版的輕音景點，建議最少可排上兩天，一天遊覽滋賀縣豐鄉，一天將重點擺在京都修學院區域與今宮神社。行有餘力者，可至位於宇治的京都動畫公司本社巡禮，或是前往嵐山，來趟「櫻之丘女高」畢業旅行。修學院區域往南也有許多較為分散的場景，若時間充裕的話可以好好探尋一番，《TAMAKO MARKET》聖地「出町桝形商店街」也在不遠處。夜間則可前往京都四條河原町，除了逛逛 JEUGIA 外，劇中曾出現的電影院Movix、小憂與梓喵一起前往找尋打工資訊的便利商店，均位於此。

🚗 交通：

　　不妨利用京都市內公車一日券（500 日幣）以及地鐵一日券（600 日幣）等多樣化組合票券。修學院地區公車非一日券適用區域，需補差額；或可使用 Kansai Thru Pass，京都所有公車跟 JR以外鐵路皆可搭乘，包括從修學院站搭乘叡山電鐵到出町柳站，這是主角們經常搭乘或通勤的路線。

　　前往豐鄉則需搭 JR 換乘「近江電鐵」，自京都出發，可搭至近江八幡或彥根換車。近江鐵道票價貴、班次少，需看準時間搭乘。若要省錢，推薦於每日 9：00 ～ 10：00（假日與三人以上團體為7：00 ～ 17：00）至售票窗口購買「Walking Hiking Pass」，單張 550 日幣，搭一趟來回即回本！豐鄉當地可步行遊覽，或可與宮川石油事先聯絡租腳踏車，一天 500 圓日幣。

Kansai Thru Pass：http://www.surutto.com/tickets/kansai_thru_hantaiji.html

🏠 住宿：

　　京都各種等級的住宿皆有，最便宜的青年旅館約 2000 日幣 / 一人 / 晚，豐鄉離京都不遠，可當天往返。若有往返其他地區需求，推薦離京都車站不遠的「J-Hoppers 京都店」；若希望晚上能在京都市內血拚，則推薦位於京都四條河原町的「Khansan Kyoto Guest House」，後者巷口即是同人誌專賣店「虎之穴」。兩者員工皆諳英文，有機會的話也可能會遇到正在打工度假的台灣員工。

J-Hoppers 京都店：http://kyoto.j-hoppers.com
Khansan Kyoto Guest House：http://www.khaosan-tokyo.com/tw

🛒 購物：

　　京都四條河原町為京都最大購物區域。若需要購買「宅物」，連鎖的動漫商品店 Animate、Gamers、虎之穴、MelonBooks，以及二手書店 Book-off 皆坐落此區，寺町京橋商店街靠四條通入口處也有動漫周邊專賣店，Gamers 京都店則曾出現於《幸運☆星》中。

　　Book-off 京都四條店為關西地區最大的分店，一本 105 日幣的日文二手漫畫數量更高達數千本！因營業至深夜 22：00，可等其他店家打烊後再行前往。若是有時間，也可前往位於宇治的京都動畫公司，販賣部有限定商品，甚至有原畫手稿販售。

京都動畫公司販賣部（KyoAni Shop）
地址：京都府宇治市木幡內畑町 34-11 ハイショップビル 2 階
時間：10:00 ～ 18:00
交通：搭京阪電車宇治線至「木幡」站，或搭 JR 奈良線至「木幡」站下車，步行前往。

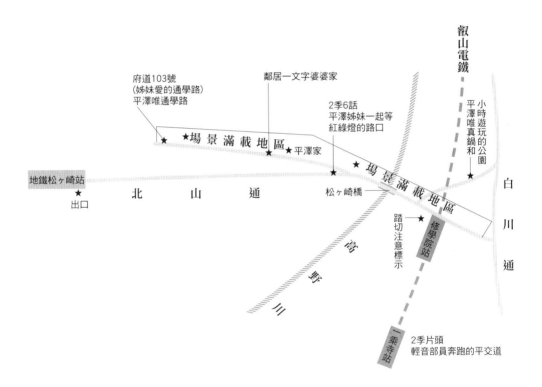

府道103號
（姊妹愛的通學路）
平澤唯通學路

鄰居一文字婆婆家

2季6話
平澤姊妹一起等
紅綠燈的路口

叡山電鐵

平澤唯真鍋和

小時遊玩的公園

★場景滿載地區

★平澤家

★場景滿載地區

地鐵松ヶ崎站

出口

北　山　通

松ヶ崎橋

白　川　通

踏切注意標示

修學院站

高　野　川

一乘寺站

2季片頭
輕音部員奔跑的平交道

43

北高校西門

2

涼宮春日的憂鬱
傲嬌高中生的日常

名稱：《涼宮春日的憂鬱》（涼宮ハルヒの憂鬱）

播映時間：

日本：第一季 2006 年，第二季 2009 年，
　　　電影版 2010 年

台灣：第一季 2008 年，第二季 2010 年，
　　　電影版 2010 年

製作公司：京都動畫公司

「東中學校出生，涼宮春日。我對普通人沒有興趣，若是你們之中有宇宙人、未來人、異世界人、超能力者，就儘管來找我吧，以上！」──涼宮春日。

很多人的輕小說閱讀初體驗，應該都獻給了《涼宮春日的憂鬱》吧！除了備受推崇的《奇諾之旅》、早年的《Slayers》外，讓輕小說成為動畫改編素材然後引起熱潮的，若《涼宮春日》系列稱其二，應是沒人敢稱第一。

2006 年，在京都動畫公司的製作下，這部得獎的校園科幻小說改編成了動畫，片尾的 SOS 團舞在方興未艾的網路影片串流（youtube、niconico）推波助瀾下，在世界各地掀起了一波波熱潮，各個 cosplay 場合也無不見扮演動畫角色的同好們，一股「涼宮熱」就此產生。

涼宮春日，這個傲嬌高中生為什麼憂鬱呢？無論是在動畫中，或是在小說中，涼宮大神都說出了她「憂鬱」的原因，但這仍無法解答我的疑惑，是怎樣的 TPO（時間／地點／場合）才造就了這個傲嬌美少女？這個疑問，當我到了故事發生地兵庫縣西宮市，終於恍然大悟，一切，總算真相大白了……

阿虛大喊的地點，涼宮就站在石垣前。

西宮

　　兵庫縣西宮市，一個以「甲子園」聞名全日本的地方，但對動漫迷來說，這裡不僅是《涼宮春日的憂鬱》作者谷川流的故鄉，也是作品發生的主要舞台。

　　從關西三都（京都、大阪、神戶）前往西宮市車程皆在一小時以內。我搭著阪急列車來到了夙川站，當我一腳跨入阪急甲陽線的月台，那個 SOS 團員拍攝「朝比奈實玖瑠的冒險（朝比奈ミクルの冒險）Episode 00」電影時曾短暫出現的場景隨即映入眼簾，坐在與涼宮、朝比奈兩人同樣的位子上，列車緩緩地駛向了故事重要場景：苦樂園與甲陽園。

苦樂園與甲陽園
解開涼宮憂鬱之謎

　　西宮市擁有七個以園為名的地區，並稱為「西宮七園」，苦樂園與甲陽園為其二。這七個以「園」命名的地方多坐落於西宮市北邊的甲山山麓，地近關西三都，景觀優美，在上個世紀初由阪神與阪急兩大鐵路公司開發為高級住宅區。

　　我在苦樂園站下車，跨過小小的夙川，朝比奈學姊吐露自己是未來人實情的板凳，就在河對岸的夙川公園。

　　「我不是這個時代的人，我，來自未來！」朝比奈學姊這樣說著。在這個寧靜的住宅區，一位看來溫柔婉約的學姊，對著我講出這種話，換成是我也不會相信吧！雖然才剛開始做《涼宮春日》系列的聖地巡禮，但我已稍稍能感受主人公阿虛的心情了……

　　沿著規劃有序的道路向西行，來到了北夙川市民游泳池，這裡就是《無盡的八月》中重複了一萬五千多次的地方，而喜多綠學姊懇求 SOS 團員們前往調查的電腦研究社社長自宅，就在住宅區的一隅。

電影版裡出現的一幕，右邊即是阿虛解釋狀況的家庭餐廳。

現實中的「光陽園學院」大門，攝點跟阿虛一樣在電線杆旁（笑）。

在這個西宮市北邊的山丘上移動，不是一件簡單的事情。首先，這邊都是山坡地，有的坡度十分陡峭，這在動畫中也曾被阿虛吐槽過；其次，由於附近都是高級住宅區，大部分居民多以高級轎車代步，公車班次十分稀少，在地圖上看來簡單的兩個相鄰點，可能都得花一番工夫才能到達，這也是《涼宮春日》巡禮最大的麻煩之處。

違背《冰果》裡折木奉太郎的「省能」方針，我從電研社社長家徒步前往甲陽園；電影版中，阿虛回到三年前的七夕，對著還是中學生的涼宮大喊：「我是為了讓世界更熱鬧的 John Smith，請多指教～」的場景，就隱身在一片住宅區當中。動畫中的石垣、警示牌都真實呈現在我的眼前，比對警示牌的文字，動畫內跟現場幾乎一模一樣，令我不禁瞠目結舌。

離開了這個場景，拍下了那間在電影版中出現過的家庭餐廳後，就沿著鐵路旁狹窄的單行道向山上走去，映入眼簾的夙川學院中學，即是動畫中描述的「山下的貴族女校」：「光陽園學院」，劇中的周房九曜即是這間學校的學生。在電影版改變過的世界中，涼宮與古泉也入了學。

各式進口高級轎車從山上駛下，我繼續爬著坡，呼嘯而過的車陣中，幾乎不見日本車身影，雙B轎車在這裡完

夙川站一景，此角度也在劇中出現過。

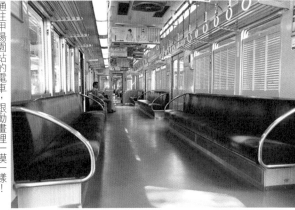

通往甲陽園站的電車，跟動畫裡一模一樣！

全不稀奇，各種叫不出名來的歐美房車、超跑不停地擦身而過，稍稍能感受到那股高級住宅區的氣氛。經過了阿虛與涼宮對話的平交道後，單行道變成了雙向道，視野一開，三面被山懷抱的甲陽園（故事中以諧音出現的光陽園）直擊我的視覺中樞。這一刻，我也就完全理解涼宮春日為什麼會憂鬱的原因。

就如同在動畫中，涼宮大神看完棒球後反思「自己一點都不特別」一般。設定「住」在這個高級住宅區中的涼宮，從小在衣食無缺的環境下長大，過著一個平凡、安穩且令人羨慕的幸福人生。但對於小小年紀的她來說，這樣毫無特殊性的人生並不令她滿意，因此才開始「主動尋找」特別的人，最後乾脆建立了一個「讓世界變得更熱鬧的團」──SOS團。

飽暖思淫慾，住在「西宮七園」的大小姐涼宮春日為何會「憂鬱」？同樣出身於此，並在此地唸書直到大學畢業的谷川流為何作品總是校園科幻劇？這些問題的答案，在我看到甲陽園的那一剎那，也就迎刃而解了。

待我回過神，長門所住的公寓，已在不到幾分鐘腳程的地方了。這間做為長門（以及轉學去加拿大的朝倉）公寓原型的豪宅，就坐落在鐵路邊。身為長門迷的我，除了拍下與動畫中相同角度的照片外，還殺了許多相機記憶卡的空間。鐵路的終點甲陽園站也近在咫尺，站內站外的一草一木，甚至整個車站周邊都曾出現在

〈Someday in the rain〉中阿虛搬著電暖爐的背景

劇中……我除了拍下各個場景，也留了點時間坐在長門坐過的位子上，誰說不同次元不能交流呢？

稍作休息過後，沿著阿虛上學的路線往西宮北高校（故事中的「北高」）前進。從甲陽園站到北高的這一段路，可以說是涼宮迷朝聖時最痛苦的一段路了，就如同阿虛所說，這段通學路不僅是上坡，而且幾乎都是陡坡，如果想以公車代步，也是不可能的事，因為沒有任何一條路線會抵達北高校門口啊！我一邊佩服劇中人物擁有好腳力，一邊拍下出現在動畫中的場景，走著走著，西宮北高等學校，終於到了。

初次到西宮北高等學校實在是令人難掩興奮之情，雖然說西宮北高校的制服與劇中完全不同，但絲毫沒有影響我到「聖地」一遊的好心情。那多次出現在動畫中的正門、《Some day in the rain》中兩人相依偎的場景、電影版《消失》中三人跑步進入校園的北高後門、跟神人奮戰的操場與教室；以及長門改變世界後，阿虛被朝倉捅一刀的地方（笑）──展現在我的眼前，耳邊傳來西宮北高校有名的管樂隊練習，還有運動社團女生跟劇中一樣喊著「北〜高 fight! Oh!」的加油聲，我拿起相機，記錄下我與 SOS 團最緊密聯繫的這一刻。

夙川学院中學
地址：兵庫県西宮市神園町 2-20
網址：http:// www.shukugawa.ac.jp
交通：可自「甲陽園」站搭乘「阪神巴士 2 號」公車在「夙川學園前」下車，長門的公寓也在不遠處。
備註：不提供參觀，由於是女校，請勿拍攝學生與校園內部，以免造成不必要的困擾。

西宮北高等學校
地址：兵庫県西宮市苦楽園二番町 16-80
網址：http://www.hyogo-c.ed.jp/~nishikita-hs
交通：最近的公車站牌為「柏堂町」，但仍要徒步近 10 分鐘，且班次少，建議可由「甲陽園」站徒步半小時前往，除可沿路做聖地巡禮外，也能親身體驗阿虛常常碎碎唸的上學路線。
備註：不提供參觀、攝影時請勿拍攝學生，以免造成困擾。

甲山森林公園
實玖瑠與有希的對決戰場

　　《朝比奈實玖瑠的冒險 Episode00》這部「劇中劇」，我想大家一定不陌生，朝比奈與有希的對決場景，其實就在距離甲陽園與北高不遠的甲山森林公園。山南水北為陽，甲陽園這個名稱也因「甲山」而來，而甲山有一說即是劇中哈喵學姊家的祖產：鶴屋山。

　　與甲陽園相鄰不遠的甲山森林公園僅能搭著寥寥可數的公車抵達，我先至一旁的神咒寺拍攝《無盡的八月》中SOS團抓蟬的場景，再走進公園內。公園雖然佔地廣大，但故事中出現的場景距離出入口都僅需十分鐘左右，沿著步道就能找到他們休息的紀念碑廣場，以及有希與實玖瑠對決的戰場：野外舞台。

　　踏上那個舞台的我，突然有一種衝動，想要閃掉會殺人的實玖瑠射線的衝動，應該是我入戲太深了吧！「真受不了。」（阿虛語調）~~

甲山森林公園野外舞台，以阿虛的視角拍攝。

《無盡的八月》中出現的神呪寺，這張為第十六集角度。

甲山森林公園
網址：http://kabutoyama-park.com
交通：可搭「阪神巴士7號」至「甲山大師下」下車，此站離《涼宮》的場景較近（由出入口4進入），也可從這裡步行往神呪寺。搭至「県立甲山森林公園前」則較遠，並不建議。公車班次不多，需注意回程時間。

西宮北口
放學後的 SOS 團集散地

距離北高與甲陽園有一點距離的阪急西宮站北出口，算是除了學校外最常出現在劇中的場景了。可惜近年經過整修，北口的小公園已與劇中不同，那個 SOS 團第一次集合、朝比奈吐露沒辦法跟未來通信的場景，已無法重現。

重要聖地不復存在的情形時有所見，例如《Clannad》中岡崎朋也以及《輕鬆百合》船見結衣的公寓已遭拆除；《輕音部》中學妹們去過的打擊練習場已倒閉、麥當勞前已蓋起大樓……西宮北口也加入了「汰舊換新行列」，讓人不免遺憾。

不過，除了北口小公園外，商店街以及附近的場景都沒有太大的變化，這一點令我感到安心。

涼宮拿ＢＢ槍打鴿子的廣田神社前庭

　　我從北口商店街出發，第一個遇見的就是《無盡的八月》中出現過，阿虛與古泉騎腳踏車載三位小妮子前往市民泳池的場景。以實際的狀況來看，這裡前往市民泳池約有五公里遠，沿途有著一堆上下坡，阿虛在盛夏之時騎著那台淑女車載涼宮跟長門前往，也難怪到泳池時已經是累癱的狀態了。辛苦了！阿虛。

　　繼續往北前行，除了 SOS 團拍攝電影中出現的商店街外，劇中所有商店街景色，幾乎都出自於這條商店街。我抬頭仰望路燈上的裝飾，跟劇中可說是一模一樣，實在不得不佩服京都動畫力求在螢幕上「真實再現」的用心。

　　稍微步行十分鐘，來到了國道 171 號線十字路口，路旁的牛排館「Volks 西宮店」就是《涼宮春日的煩悶》（涼宮ハルヒの退屈）中，眾人舉行慶功宴的地點。

　　劇中的畫面包含了「陷阱」，如果不仔細比對的話，可是會拍到錯誤畫面的喔！折騰了一番後，沿著國道往南步行五分鐘，西宮中央運動公園的棒球場，映入眼簾，而這裡當然就是 SOS 團參加棒

新池，實玖瑠落水的地方，實際上有護欄。

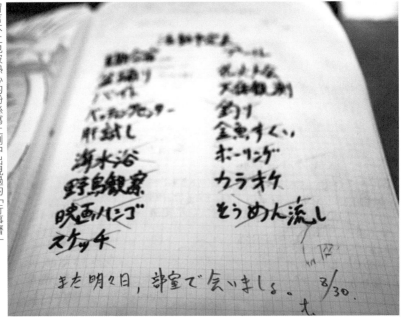

留言本上也被熱心的粉絲寫上劇中出現過的「行事曆」

また明々日、部室で会いましょ。8/30.
丸.

56

球比賽的場所。順道一提，那個棒球隊的原型就是谷川流老師母校「關西學院大學」（就在甲山森林公園旁）的棒球隊。

離開了球場，再步行五分鐘就能抵達「關西超市廣田店」（関西スーパー広田店），這間在關西地區擁有多家分店的超市，就是《無盡的八月》中眾人穿著布偶裝發送

氣球的地點。而從這裡往北行，就會抵達《朝比奈實玖瑠的冒險 Episode00》裡面出現的眾多重要景點，包括涼宮用 BB 彈射擊鴿群的廣田神社、實玖瑠與谷口一起落水的「新池」、上廣田橋等。我看著一群群剛放學的學生在路上有說有笑，這其中會不會有真實的 SOS 團呢？

西宮美食

「咖啡屋 夢」

　　說到西宮的餐廳，涼宮迷們一定不能錯過在西宮北口的「咖啡屋 Dream」（珈琲屋ドリーム）。多次以「咖啡屋 夢」名義出現在劇中的咖啡館，就坐落於北口商店街中，是一家當地人也會前往的咖啡屋，人潮不斷。建議可在有特惠套餐的早午餐時段（11：00 前）前往，店中有多種咖啡可供選擇。

咖啡屋 夢

　　「咖啡屋 Dream」既然是「聖地」，除了店家與同好放置的刊物與聖地資訊外，少不了的就是同好放置的交流筆記本。筆記本內不乏有同人誌作家、同好們精美的插圖，如果願意在上面留言並附上自己的 twitter 帳號的話，還有群組可以在網路上互動喔！

粉絲留言本上的精美插圖

　　聖地巡禮走累了，這裡也是個非常不錯的歇腳處。

地址：兵庫県西宮市甲風園 1-10-1
電話：0798-65-9078
費用：咖啡飲料類約在 400 至 800 日幣左右，餐點另計。
網址：http://www.cafedream.info
交通：搭阪急電鐵至「西宮北口」站，自北西口出站後徒步 3 分鐘即可到達。

尼崎

　　尼崎，《忍者亂太郎》作者尼子騷兵衛的故鄉，離西宮僅有十多分鐘的車程。這裡也有著《涼宮》系列的聖地，如果西宮「制霸」了，不妨搭著車來到尼崎繼續小小的巡禮吧！

尼崎站前商店街
朝比奈實玖瑠的「灑必死」

　　為了要拍攝一部能夠在學園祭中播放的電影，「超監督」涼宮春日、女主角朝比奈、雜用阿虛前往夙川商店街尋求「贊助商」。在她三寸不爛之舌的勸說下，SOS 團籌到了道具與攝影機，朝比奈學姊拚命「灑必死」的電影也就這樣順利開拍了。

　　事實上，眾人前往拉贊助的商店街並不存在於劇中所示的夙川，而是阪神電鐵尼崎站前的商店街。

　　連接車站的中央公園看似與動畫無關，但其實往商店街方向的不起眼草木叢中，隱藏了一個曾出現於整部作品片頭的石碑。跟《神劍闖江湖》的比古清十郎一樣，真強者，總是隱於世……

　　我走入隨時都人聲鼎沸的商店街，穿過兩個街區後發現了第一間贊助商：「YAMATUCHI 模型店」（ヤマツチモデルショップ）的原型「汪汪玩具店」（ワンワン玩具店）。玩具店的牆上掛有聖地巡禮地圖，還掛有涼宮春日的拼圖，所以十分好認。

　　由於拍攝角度的問題，對面的「近江屋吳服店」也曾出現在動畫中，我依序拍下這兩間曾出現在劇中的商店。再往前走四、五個街區後，來到了一條橫向、被稱為「三和本通」的商店街，向右前行，找到劇中一樹與實玖瑠相遇的地點；向左，則可找到另外三間贊助商：食肉館、三和電器、小西青果（劇中分別為熊井精肉店、大森電器以及森村青果）。午間時分，商店街處處門庭若市，劇中出現的店與店之間也有一段距離，朝比奈順著春日的要求，穿著兔

女郎裝扮在這裡拍著短片、或是扛著看板移動，就為了不讓她爆走。
未來人實玖瑠，你還真是忍辱負重啊！

交通：搭乘阪神電鐵至「尼崎」站下車。若自阪急甲陽園站或西宮北口站出發，可搭乘
阪急金津線至今津站轉乘阪神電鐵前往，較為方便。

汪汪玩具店

汪汪玩具店牆上貼有巡禮用地圖

巡禮攻略

💡 行程安排：

　　《涼宮》系列場景多在西宮市內，從地圖上看來集中，實際上因地形破碎、大眾交通不便等原因，並非如想像中容易踏破。

　　精華版的涼宮景點巡禮可在一日完成，但最好安排二至三天：第一天可在甲陽園、北高附近活動；第二天可前往山下的西宮北口地區以及尼崎；若還有時間，則可前往「上上原（上ヶ原）」地區，探訪涼宮就讀的東中以及阿虛家等場景。部分交通特別不便之處，例如「甲山森林公園」絕對需注意回程時間，以免被困在山區。學校場景需非常注意，不得違反校方規定，以免造成不必要的麻煩。

🚗 交通：

　　若住宿在關西三都欲前往巡禮，又怕麻煩（或交通費試算已超過 1600 日幣），使用 Kansai Thru Pass 較為便利省時；除 JR 外皆可使用，包含此區所有路線公車。

　　由於此區交通需混搭私鐵、公車，公車班次稀少又為多家聯營，因此除使用 Kansai Thru Pass 外，其他通用券並不划算，反而以單趟購買較有彈性。西宮市內公車票價為 210 日幣，後門上車，前門下車付款。

Kansai Thru Pass：http://www.surutto.com/tickets/kansai_thru_hantaiji.html
阪神巴士：http://www.hanshin-bus.co.jp/rosen/index.html
阪急巴士：http://bus.hankyu.co.jp/rosen.shtml

🏠 住宿：

　　可住宿於京都、大阪或神戶，交通皆十分便捷。《涼宮》巡禮會使用的鐵路系統「阪急」與「阪神」兩大私鐵終點站：大阪梅田

車站是距離西宮與尼崎最近的交通樞紐，可選擇投宿於附近。若有預算限制，或欲前往被稱為「大阪秋葉原」的日本橋，可選擇投宿關西背包客最常利用的大阪新今宮地區，約在 1500～3000 日幣／一人／晚。此區的 Business Hotel Mikado 算是 C/P 值不錯的選擇，有許多西方背包客與台、港年輕人利用。但該區治安較差，需注意夜間出入安全。

Business Hotel Mikado：http://www.chuogroup.jp/mikado/index_chinese.html

🛒 購物：

西宮雖然地處兵庫縣，但其實與大阪和神戶均在半小時車

往甲山森林公園(公車)

★ 上ヶ原中學(東中原型)

★ 新池(朝比奈落水處)

★ 上廣田橋

★ 廣田神社

★ Volks西宮店

西宮中央運動公園

★ 棒球場

★ 田徑場(《無盡的八月》中廟會場地)

★ 咖啡屋「夢」

西宮北口商店街

★ 關西超市廣田店

阪急西宮北口站

程內。大阪的日本橋被稱為是「關西的秋葉原」，連鎖的動漫商品店Animate、Gamers、虎之穴、MelonBooks、指南針（Lashinbang）等一間都不少。Animate日本橋店更時常有清倉促銷，價格有時甚至在對折以下；指南針的二手定價多比東京要來得低，熱門商品貨也充足，十分有競爭力。

　　日本橋的小店雖然量較秋葉原少，但在質與價格方面可是毫不遜色，建議可貨比三家。此外，此區的女僕咖啡也是關西最多，素質也較好。

日本橋動漫商店街
時　間：各店不同，約為 11:00 ～ 21:00
交　通：可搭乘大阪市營地鐵至「惠美須町」下車後步行前往。
網　址：http://www.denden-town. or.jp/map/pdf/mapver16.pdf （商店街一覽圖）

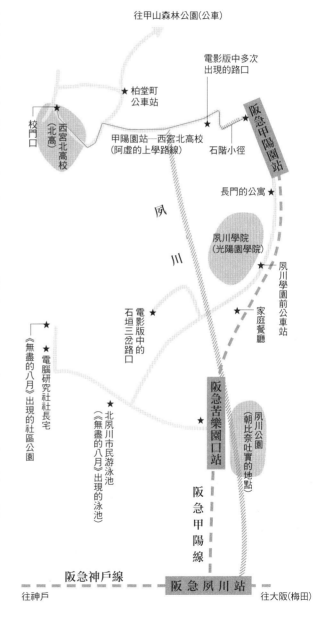

往甲山森林公園(公車)

電影版中多次出現的路口

阪急甲陽園站

★ 柏堂町公車站

校門口

★西宮北高校（北高）

甲陽園站—西宮北高校（阿虛的上學路線）

石階小徑

長門的公寓

夙川學院（光陽園學院）

夙川學園前公車站

夙　川

家庭餐廳

★電影版中的石垣三岔路口

★《無盡的八月》出現的社區公園

★電腦研究社社長宅

北夙川市民游泳池
《無盡的八月》出現的泳池

阪急苦樂園口站

夙川公園（朝比奈吐實的地點）

阪急甲陽線

阪急神戶線

往神戶

阪急夙川站

往大阪(梅田)

奔馳在能登半島的花開物語列車

3

花開物語
聖地巡禮也要BONBORU！

名稱：《花開物語》（花咲いろは）
播映時間：
日本：2011 年，電影版 2013 年
台灣：2012 年由木棉花國際發行 DVD 版
製作公司：P.A. WORKS

「HOBIRON！！！」──鶴來民子。

　　說來慚愧，對於 P.A.WORKS 這間已經有十多年歷史的動畫公司，我並沒有太大的印象，或許這跟之前他們都是以協力製作為主有關。我的 P.A.WORKS 初體驗，直到 2010 年才獻給了《Angel Beats》。

　　不過，真正讓我注目的作品是 P.A. WORKS 創社十年的紀念大作《花開物語》，這部從頭到尾完全獨立製作的作品，從畫風、劇本、配樂、人物設定等都令我驚豔！擺明了結合地方觀光而作的故事設定，更讓我這個聖地巡禮迷心癢癢，二話不說，排入了旅遊計畫當中。到了金澤開始巡禮才發現，官方操作下的聖地，比起有愛人士的努力，果然是太強了…翻開石川縣地圖：「鶴來」民子、「押水」菜子、「和倉」結名、「輪島」巴、「四十萬」翠…等，角色姓氏皆取自當地地名，這股戰鬥力，強到我的測定器破表啦！

片尾裡結名坐在板凳上的畫面

金澤

　　《利家與松》對很多日劇迷和歷史迷來說一定不陌生，日本三大名園的「兼六園」也位於金澤市中心，是到北陸旅遊的觀光客不會錯過的城市。總公司設立於隔壁（富山）縣的 P.A.WORKS，以市內與郊區的湯涌溫泉區為背景設定，創造出了這部令人感動的勵志小品。

　　我的《花開物語》巡禮，以金澤為據點，展開了序幕。

湯涌溫泉
從喜翠莊寄出的明信片

　　做為故事主人公的松前緒花，因為媽媽跟人私奔，在走投無路之下，只好投靠在鄉下經營溫泉旅館「喜翠莊」的外婆……《花開物語》就這樣開場了。劇中的「湯乃鷺」溫泉，實際上以金澤市郊的「湯涌溫泉」區為藍本，從金澤車站出發搭公車約莫一小時就能抵達。

　　串起整部動畫的「雪洞祭」（ぼんぼり祭）原本是不存在的，為了發展觀光，當地溫泉發展協會與動畫劇組合作，為這個小小的溫泉區創造了新的「傳統」。因為一部動畫而創造新的祭典活動已然讓我感到吃驚，更讓我驚訝的是，我來回湯涌溫泉所購買的「雪洞祭特別來回票」，上面註記的區間是「金澤──湯乃鷺溫泉」，虛構的地名印在正式的車票上，有官方撐腰的聖地果然不一樣，日本人，沒救啦！（絕對是稱讚的意思！）

「湯涌溫泉」票根

67

公車蜿蜒在山路上，車上的乘客漸漸變少，待看到那個常出現在故事中的三岔路口時，就是終點站「湯涌溫泉」了。抬頭一望，公車總站對面的商店上，有著豆爺（まめじい）與青鷺的裝置藝術品；向左一看，和倉結名在片尾坐著的場景呈現在我的眼前，而那「湯涌溫泉」的公車站牌旁更放了個「湯乃鷺溫泉」的站牌，而且還處理成鐵鏽斑斑呢！我除了讚嘆，實在也擠不出半點文字了（碇真嗣：這時候只要笑就好了！）。

　　「還是趕緊巡禮吧！」畢竟這裡入夜之後可是沒有公車的，因為預算有限，我也沒打算在這裡住上一晚，標示各旅館的路標的三岔路口是我的第一個目標。片頭中，緒花曾差點在這個路口跌倒，還好民子抓了她一把，但實際到這個她差點「仆街」的點，再回想她們從「喜翠莊」衝下的速度與坡度，劇組或許是想表達緒花的一

片中多次出現的三岔路口

68

稲荷神社的痛繪馬

由《花開物語》聲優奉獻的燈籠

稲荷神社一景

股腦衝勁（與傻勁），因為現場看來，那個坡度要衝到跌倒，還真是難呢！

聖地巡禮的醍醐味，莫過於此。

第四集中，菜子與緒花拿著回覽版往「福屋」時經過的涼亭，就在三岔路口橋樑旁不遠。劇中結名家開設的「福屋」（現實中的「秀峰園」旅館），大老遠就能看見，與劇中設定相同，是間大型旅館。

結名的姓「和倉」，取自擁有名聞遐邇旅館「加賀屋」的和倉溫泉，或許命名時也有考量到這點吧。我走近秀峰園旅館，拍下了宮岸徹載著結名出遊（然後被民子與緒花撞見）的名場面，再往前行就是路的盡頭，比對畫面後可以發現，菜子與緒花被生存遊戲玩家「狙擊」的畫面並不可得，我只好返回路口，朝溫泉街的另一頭前進。

聖地巡禮的失落感，僅限如此。

公車總站的這一頭擁有較多溫泉旅店，算是「湯涌溫泉」人煙較稠的地區，但整體來說，仍是個靜謐的溫泉鄉。我買了當地特產柚子做成的氣泡水「柚子乙女」，上面可是有緒花以及《TARI TARI》女主角坂井和奏的圖案呢！解過渴後走進溫泉街道，我以路邊的郵局招牌當標的，拍下了許多場景照片。突然，一個想法油然而生：

「寄張從喜翠莊給自己的明信片吧！」走入郵局，我買了郵票與明信片。

我在寄件人的地方寫著「日本石川縣湯乃鷺溫泉喜翠莊」，隨後交給櫃檯的

從湯涌寄出的明信片，郵戳蓋有 YUWAKU 字樣。

大姊姊，她蓋上屬於湯涌的郵戳。

　　比起各式周邊，這絕對是最好的紀念品。

　　走出郵局後，就是前往重頭戲：「喜翠莊」了。藍本的「白雲樓」雖已不復存，但它的陳跡仍可確定，從郵局旁山路往上走十分鐘左右，就能來到喜翠莊「應該存在」的地方，現在已是一片荒煙……不，這塊地已被整理成有涼亭的小公園，而且劇組和溫泉協會還架

設了一面大型帆布看板，上面畫著喜翠莊。

聖地巡禮的感動，真的只需如此。

為了拍攝串起整齣作品的稻荷神社，我更深入踏訪溫泉街，路旁的店家掛著《花開物語》的海報，迎接著前來聖地的動漫宅們。

正當走到神社下方時，天公不作美，下起大雨；無處可躲的我，趕緊跑到也曾出現在故事內的足湯涼亭躲雨，雖然一時中止拍攝行程，意外地卻讓我泡到了湯涌溫泉，泉質屬弱鹼性的湯涌溫泉具有消除疲勞的療效。看著溫泉街，聽著雨聲，雙腳浸泡在暖暖的泉水中，真是好不愜意。

待雨稍緩後，我離開溫泉池，前往那貫串全場的稻荷神社。現實中的神社不似動畫中有著通天般的長長樓梯，只要步行兩三分就能到達小小的社域，這一點是與動畫中不太一樣的地方。不過，沿路掛著紅色的紙燈籠（也就是所謂的「雪洞」，ぼんぼり），營造出了動畫中的氣氛。仔細觀察還可以發現，這些燈籠有的還是以《花開物語》劇組或人物名義奉獻的呢！旁邊數量繁多的繪馬，也是由觀光協會和劇組一起設立的，「痛繪馬」之多，殺了我不少記憶卡的空間。

早秋的傍晚，溫泉區有種靜謐又蕭瑟的氣氛，神社下方的公共浴場亮起燈來迎接客人，門口代表湯涌溫泉的白鷺圖案令我想起了故事中湯乃鷺溫泉的青鷺；在華燈初上的溫泉區別有一種朦朧的美，搭上了車，我回頭再看了湯涌溫泉一眼。

「我還會再來的，一定！」

交通：可在金澤站外的公車總站搭乘 12 路公車至終點湯涌溫泉下車。

與「湯涌溫泉」站牌並立的「湯乃鷺溫泉」虛擬站牌

湯涌聖地紀念品 GET！

　　來到聖地湯涌，帶點伴手禮回家自然不可免，取得的難度也是趨近於零，若不願尋尋覓覓，公車總站對面的「喜船商店」可滿足所有需求，各樣當地限定商品也不貴；出了湯涌，這些東西不是買不到，就是比較貴呢！

氣泡水：柚子乙女：日幣 200/ 瓶

　　貼上女主角松前緒花與《TARI TARI》女主角坂井和奏圖案的氣泡水，添加了當地名產柚子汁，喝起來微酸帶甜的口感很有滋味。除了湯涌外，日本全國的 GEE STORE 動漫專賣店也有售，但價錢較貴。湯涌當地則有販售六瓶裝組合。

湯涌溫泉入浴劑：日幣 500/ 份

　　號稱內容物與湯涌當地溫泉成分相仿，能夠在家製造出相同的人工溫泉，一份三包入，封面是動畫中三人想像泡湯時的圖案。

柚子水果糖（鐵罐裝）：日幣 500/ 罐

　　柚子口味的水果糖也是湯涌限定名產，鐵罐包裝上皆採用《花開物語》圖案，平實的價格吸引了不少日本阿宅購買。

金澤市區
誤打誤撞的幸運

　　動畫中出現的市區景象，不消說，就是金澤最大的商業區「香林坊」了。從「香林坊」到「片町一丁目」，就是金澤人經常逛街購物的區域，動畫中緒花跑著找尋宮岸徹，以及大家帶著身材姣好的菜子買衣服的地點，都在這個區塊內。

　　從車站到香林坊交通便利，幾乎所有公車搭個十來分鐘都會到。到現場可以發現又埋了一個梗，那就是有一幕緒花從車站附近街區往香林坊方向狂奔的身影，一股腦兒奔馳的她，衝勁絕對不下Jump系熱血主角啊！

　　拍完這個場景後，我發現了「站前電影院」的路標，好奇地跟著走到巷子內，見到後不由得倒抽一口氣，這間播放三級片的電影院，不就是劇中官能小說家「次郎丸太郎」在劇末搬入的地方嗎！很多日本聖地巡禮者沒找到的地方，居然被我誤打誤撞發現了！我

香林坊與片町一丁目徒步區

興奮地拍下了照片，幸好附近沒有媽媽帶著小孩，不然…那種動畫裡會出現的「媽媽這個人好奇怪……」、「不要看」的場景說不定會出現呢。

搭著公車到香林坊下車，首先見到的就是最大的百貨公司：大和，幾位小妮子最先逛的，大概也是這裡吧，對面則是「香林坊109」，跟涉谷的109百貨屬於同一集團。緒花因為東京人身分轉學到「香林高校」時，被同學認為超時尚且報以羨慕眼光，現實上應該是不可能的事情，因為109這間辣妹百貨僅有寥寥幾家分店，香林坊可是其中一家。金澤，沒有故事中那麼鄉下啦！

劇中大家聚餐的「CAFFE ARCO」

金澤美術工藝大學，劇中的香林高校原型。

往前過了一個紅綠燈，就是片町一丁目了，這裡的商店街也出現在故事當中，我繞進巷子找到了那間主角們用餐的漂亮餐廳「CAFFE ARCO」。店員看到我在拍攝，非但沒有趕人，還親切地問道：「是為了《花開物語》嗎？盡量拍沒關係，辛苦囉！」有官方加持的聖地，

「朝聖者」的待遇果然不一樣。

　　香林坊旁、兼六園附近的舊石川縣政府──現在的「迎賓館」就是宮岸徹參加婚禮的場所，目前做為展覽空間以及旅遊服務中心使用。休息片刻後，市郊的金澤美術工藝大學是我的下一個目標，因為「香林高校」就是以此做為範本。順道一提，「香林高校」這個虛構學校，沒錯！出自「香林坊」。

　　找好角度，按下快門。我也是「BONBORU」地享受巡禮呢！

金澤美食

魚菜屋

　　到了古稱「越後」的石川縣豈能不吃新鮮海鮮？但又怕預算不夠嗎？當地人推薦的「魚菜屋」可能是不錯的選擇。

　　隱身在金澤車站共構大樓商店街的魚菜屋，是水產會社開設的直營店，因此新鮮度都有一定的水準，加上平價，吸引不少當地及外來客前往品嘗。我點的每日生魚片定食不到千元，物美價廉。店內不大，僅有一排吧台區可坐，聽著廚師的呦喝聲、坐在日式小酒館風味的店內享受美食，不也挺有在漁港吃海鮮的風味嗎？

地址：石川県金沢市木ノ新保町 1-1 金沢百番街おみやげ館（金澤車站共構大樓內）
電話：076-233-2217
時間：11：00 ～ 22：00
價格：定食約 1000 日幣上下
交通：自 JR 金澤車站沿指標進入「金沢百番街おみやげ館」即可找到。

能登半島

跟聲優能登麻美子絕對沒有關係

　　這個突出在日本海側的半島擁有許多豐富的觀光資源，最為台灣人知悉的大概就是和倉溫泉的「加賀屋」旅館了。因為是鄉下中的鄉下，從金澤出發，除了屈指可數的特急外，就只能搭上一個半小時的車才能到達玄關「七尾市」，不過為了走完這最後一塊聖地，這點距離又算得了什麼呢？

能登鐵道

美麗的彩繪列車

　　起了個大早，從金澤出發，除了巡禮之外，為的就是希望能體驗劇中角色上學的感覺。果不其然，這班透早發車的普通車，基本上就是通學列車。跟著高中生們來到 JR 與能登鐵道共用的七尾站，

「湯乃鷺」站名板與四姊通勤的火車，這樣算 2.999 次元吧！

我等著今天的重頭戲：《花開物語》彩繪列車登場。

　　為了吸引更多的觀（ㄍㄨㄤˋ）光（ㄇㄢˋ）客（ㄓㄞˊ）前往觀光旅遊，能登鐵道不僅配合 P.A. WORKS 的取材，還順勢推出了整列的彩繪列車。而這部列車不僅只有車身彩繪、車頭掛上銘板而已，就連車門也貼上跟故事中相同的「喜翠莊」字樣，車內的廣告欄位更是掛上由繪師繪製的精美圖片。最讓人心動的是，車內的所有廣播可都是請聲優用角色名義錄製的喔！要做就做到極致，這就是日本人啊！

　　搭著這台「喜翠莊」列車，我跟緒花一樣望著窗外美景，興奮地來到了「西岸」站，故事中的「湯乃鷺」站，就是參考這個小小的無人車站。2011 年時，能登鐵道在故事中相同視角的地方掛上了「湯乃鷺溫泉」站的站名板，讓整個車站彷彿真的成為了動畫中的場景，我算好時機，拍下了站名板與列車一起出現的畫面。

　　車站內部也是挺有看頭的，在官方及粉絲們的協力下，整座車站充滿著濃濃的《花開物語》味。除了定番的粉絲留言簿、海報

外，之前配合活動行駛的特別列車銘板、行先，以及演唱主題曲的「nano.RIPE」樂團主唱留下的簽名等一應俱全。

我記錄下這個聖地後，搭著車轉往鄰近的「能登中島」站，第二十集中出現的「小松崎」站，即是以此做為參考。我的《花開物語》巡禮拼圖，也拼上了最後一塊，搭上聲優獻聲的列車，我在車上打起盹來，臉上帶著一絲微笑。

能登鐵道聖地紀念品 GET！

能登鐵道與《花開物語》聯名的周邊有好幾種，如果以為我會推薦能登鐵道聯名的資料夾、筆記本的話，那就大錯特錯了，來到這裡當然是要推薦特殊好物囉！

能登鐵道車內放送 CD：日幣 500/ 張

沒錯！能登鐵道最特殊的紀念品就是彩繪列車的車內廣播CD。這兩張CD收錄了 2011 年與 2012 年版的《花開物語》彩繪列車車內廣播。無論是《花開》迷、聲優迷或鐵道迷，僅能在能登鐵道穴水站販賣部購得的這兩片 CD，絕對是夢幻逸品！

動漫小常識：《花開物語》的自創字彙

《花開物語》裡面有許多自創字彙，最為人熟知的大概就是「HOBIRON」跟「BONBORU」兩個字了。「HOBIRON」原意是「鴨仔蛋」：一種將孵化中的鴨蛋敲破食用的東南亞料理。但在劇中，其實是民子為了取代「去死！」而發明的詞彙，原始意義是：「真是不可理喻！（本当に びっくりするほど 論外！：Hontouni Bikkurisuruhoto Rongai）」。BONBORU 則是從虛構的紙燈籠祭：「雪洞（ぼんぼり：Bonbori）祭」而來的名詞動詞化，原意為「為了能夠在雪洞祭中實現願望而努力」，引申為「朝著目標，全心全意努力的心情」。

たいへん
よくでき
ました。

巡禮攻略

💡 行程安排：

　　《花開物語》的巡禮基本規劃三天以上為宜，第一天可前往湯涌溫泉來趟「湯乃鷺溫泉」一日遊，時間允許的話，可以前往各旅館泡湯，但不便宜。若無預算可以選擇神社下方的大眾澡堂（錢湯），一回 350 日幣，或者可泡免費足湯。另一日可選擇前往能登鐵道沿線，其中若有時間可前往「無敵鐵金剛」、「蓋特機器人」作者的「永井豪紀念館」一遊。最後一日可安排金澤市區觀光，除了巡禮外，可前往「金澤城」、「兼六園」、「長町武家屋敷」等知名景點參觀，並品嘗當地美食。

🚗 交通：

　　金澤市內公車單程為 200 日幣起跳。一日乘車券為 500 日幣，可使用範圍包含大部分的市內觀光區，當日搭乘三趟即可回本。

　　自金澤車站往返湯涌溫泉來回需 1160 日幣（單程 580 日幣），若碰上雪洞祭則會發行紀念來回車票，可向金澤車站的北鐵巴士售票中心洽購，雖無打折，但頗具蒐藏價值。

《花開物語》彩繪列車

能登鐵道票價十分昂貴，建議可於假日前往，並向窗口購買單張 1000 日幣的一日券（つこうてくだしフリーきっぷ），自七尾至西岸單程 580 日幣，一趟來回即回本！另需注意的是，金澤到七尾的「JR 七尾線」班次不多且多為普通車，出發前應注意來回時間，以免壞了遊興。

「城下町金澤周遊巴士一日乘車券」（市區巴士一日券）：
http://www.hokutetsu.co.jp/joshaken/kanko/shuyu.html
湯涌溫泉觀光協會（雪洞祭資訊）：http://www.yuwaku.gr.jp
北陸鐵道（金澤巴士資訊）：http://www.hokutetsu.co.jp
能登鐵道「つこうてくだしフリーきっぷ」：http://www.incl.ne.jp/ntr/html/tukoute.html

🏠 住宿：

金澤的低價住宿選擇不多，車站東口小旅館品質良莠不齊，地雷店不少，建議可稍微提高預算，選擇連鎖商務旅館等級的住宿較為舒適，連鎖的「東橫 inn」單人房在 5000 日幣左右／一人／晚。若欲投宿湯涌溫泉，各溫泉旅店僅接受兩人以上投宿，若不願一早從金澤辛苦拉車到七尾，也可選擇投宿和倉溫泉或七尾市區，日本兩大訂房網站「JALAN」、「樂天旅遊」皆可預約訂房。

東橫 INN 金澤站東口：http://www.toyoko-inn.com/c_hotel/00110/index.html
JALAN（日文）：http://www.jalan.net
樂天旅遊（中文介面）：http://travel.rakuten.com.tw

🛒 購物：

位於片町一丁目內的「BELSEL」大樓，集合了所有「宅店」於一身，一樓販賣羅莉塔服飾，二樓則有多家獨立小店，三樓則集合了 Animate、指南針等連鎖店舖，以及金澤唯一的女僕餐廳。指南針金澤店是 hinac 看過定價最便宜的，若是在該店看到喜歡的粘土人、figma，不用懷疑，立刻下手吧，絕對不會令你失望的！

BELSEL 大樓
時間：11:00 ～ 20:00
交通：可搭乘公車至「片町一丁目」下車後步行前往
網址：http://www.belsel.jp

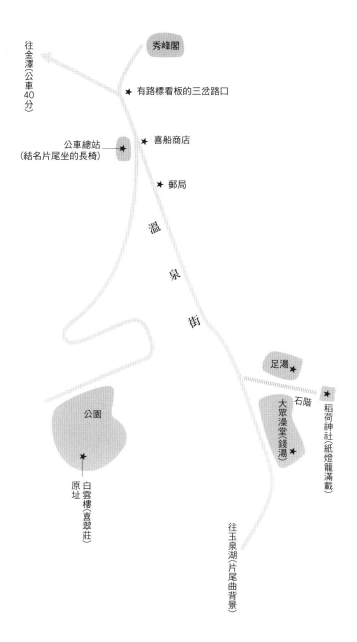

往金澤(公車40分)

秀峰閣

★ 有路標看板的三岔路口

公車總站
(結名片尾坐的長椅) ★

★ 喜船商店

★ 郵局

溫
泉
街

足湯 ★

公園

石階

大眾澡堂(錢湯)

稻荷神社(紙燈籠滿載) ★

★
原址
白雲樓(喜翠莊)

往玉泉湖(片尾曲背景)

83

劇中出現的高山老街，「喫茶去」為右邊第一間。

4

冰果
我,對那個場景很好奇!

名稱:《冰果》(氷菓)
播映時間:
日本:2012 年
台灣:上映時間未定,原作小說已發行
製作公司:京都動畫公司

「我很好奇！」──千反田愛瑠。

　　「我很好奇！」千反田使出招牌的骨碌大眼直視著省能少年折木奉太郎，這就是「冰果」的名場面了。米澤穗信老師執筆的《古籍研究部》系列推理小說，在 2012 年以首部作品《冰果》為名改編成了動畫，當然，以製造聖地聞名的京都動畫公司十分「盡責」地前往故事中影射、同時也是米澤老師故鄉的岐阜縣高山市取材。圍繞在省能少年折木奉太郎、好奇寶寶千反田愛瑠、人肉資料庫福部里志，以及不服輸少女伊原摩耶花之間的推理愛情喜劇場景，我，真的很好奇！

奉太郎家對面的白山神社

高山

　　繼京都後，我再度住進了青年旅館 J-Hoppers。被稱為「飛驒小京都」的高山市是中部地方重要的觀光城市，周邊有著許多世界文化遺產與觀光資源，故事中的「神山市」即是以「高山市」做為範本。如同 RPG 主角準備開始探索地圖（還好不用打怪）的我住進了這間青年旅館，原因就在於有提供腳踏車，因為高山市可是全日本最大的「市」，從村民轉職成斥候，移動力瞬時 LEVEL UP 啦！

神社與千反田的歸途
「回到家大概已經天黑了」的理由是？

　　夏末的高山市頗為涼爽，微風輕吹臉頰，是個騎車的好日子。在我讚嘆騎車比徒步快速的同時，古木參天的「白山神社」已經映入了我的眼簾。這裡與旁邊小小的稻荷神社都曾在第二集中出現過，但事實上，對面雜草叢生的空地才是我的目標──折木奉太郎家。或許是因為之前的作品參考的都是一般民家，為了避免造成困擾才如此吧！拍下神社與這片空地後的我踏上鐵馬，奔向距離不遠的「日枝神社」，第二十集中折木與千反田一起新年參拜的地方。

　　巡禮超人氣動畫場景的好處是，只要看到有人在差不多的地方拿著相機跟智慧型手機看啊看的就知道場景在何處；壞處就是，有時人真的不少，不僅自己拍的畫面會不漂亮，也會影響其他同好的畫面。我一邊用著破日文跟幾位同樣騎腳踏車巡禮的同好閒聊，一邊拍下了參道入口的場景。當我準備動身前往神社內部時，又來了一批同好準備拍攝。

　　「對不起，我要往裡面走了，會妨礙到你們真是不好意思……」我跟那些乍到的同好說。

　　「沒關係的！」他們回道。在日本已待了半個月的我，早已感染大和民族那種不願造成他人困擾的性格，但此時，我恥力滿點的

做出了瘋狂的舉動。

「ダッシュ──（衝刺！）」我張開雙手，自以為是熱血動畫主角般地往小山丘上的神社狂奔。

在「年輕真好啊～」的感嘆聲中，我氣喘吁吁地來到了日枝神社境內。神社本殿、摩耶花打工的社務所跟劇中相似度高達九成，要找到一樣的角度並不困難，可惜的是那製造了「密室空間」的倉庫跟動畫中有著很大的落差，令人有些失望。在眾多同好討論令人臉紅心跳劇情的笑聲與感嘆聲中，我結束了日枝神社的巡禮，跟里志與奉太郎一樣騎著淑女車，沿著故事中的路線前往「豪農千反田家」。

千反田家參考的房舍並不在高山市內，而在靜岡縣掛川。因已推測出約略位置，喜歡「體驗」的我還是決定順著故事中的路線走一遭，但很快就後悔了！這個被稱作「高山市」的地方恰如其名，是個坐落在山中的城市。除了市區位於平緩台地外，到了郊區得面

摩耶花打工的社務所，冬天有機會拍到一模一樣的畫面！

88

對無盡的上坡路，我騎著一台沒有變速的淑女車，在離千反田家約兩公里，也就是還剩 1/3 路程的地方高舉雙手投降，掉頭離去。回程休息時，碰到幾位一樣騎著淑女車想前往朝聖的同好，他們認出了我就是剛剛在神社耍白癡的笨蛋，我告訴他們千反田家路途遙遠，一群人也就在路邊苦笑著。

難怪黃昏時分與千反田道別的折木會說出：「千反田回到家就已經天黑了」的台詞！我算著來時耗費的時間，總算得出這個結論。省能的奉太郎為何一直抗拒要去千反田家的原因我也頓時明白了，因為這完全地「耗能」啊！

白山神社
地址：岐阜縣高山市八軒町 2 丁目 6

日枝神社
地址：岐阜縣高山市城山 156

奉太郎與里志由畫面右方小徑前往千反田家

斐太高校

沒有 Kanya 祭，但有「白線流し」（Hakusen Nagashi）

位於市區北方的斐太高校，不僅是劇中「神山高校」的場景，也是原作者米澤穗信老師的母校。

我穿過了人潮擁擠的觀光區，來到假日幾無人煙的斐太高校門口。校園內一樣是不能進入的，但其實站在校門口就會發現不虛此行，門口的小橋、人行道，筆直通往校內的林蔭道、校碑等……無一不曾出現在動畫當中。除此之外，面對校門的右手邊，就是古籍研究部員在學園祭中參與料理大賽的操場，背後的大樓就是古籍研究部及各社團教室所在，我輕鬆寫意地將它們收入到相機記憶卡中，三兩下就解決了校園巡禮。但對於被千反田傳染「好奇寶寶癮」的我來說，這麼簡單就完成斐太高校，也實在是有點搔不到癢處，此時，一個念頭掃過了我的腦袋：

「斐太高校的制服長怎樣呢，我很好奇！」

「神山高校」制服活脫是斐太高校制服翻版！

沒錯！假日抵達高山市的我，沒見到斐太高校的學生，日本的學校又不會在校服上繡名字，就算看到穿著制服的學生，也無從識別起。我在市區找到了學生服專賣店，「斐太高校」的女生制服就擺在我的眼前，是漂亮的水手服。

「跟劇中差不了多少嘛！」我向老闆打過招呼後，拍下了夏冬兩季的制服，仔細看了看衣服的製造商，可都是有名的女裝品牌呢！老闆見我對斐太高校制服

校門口一景，許多故事在這裡發生，操場與校舍近在眼前。

有興趣，熱情地講起了「斐太高校」的傳統：「白線流し」。在斐太高校，畢業的男生會拆下大盤帽上的白線，女生會拆下水手服衣襟上的白線，串在一起後放入校前的河川中象徵畢業，這個近八十年的傳統不僅全國有名，還曾被拍成日劇。米澤穗信老師的原作中，古籍研究部的成員才升上二年級而已，說不定哪天會有千反田愛瑠拆衣襟白線的畫面呢！

斐太高等學校
地址：岐阜県高山市三福寺町 736
網址：http://school.gifu-net.ed.jp/hida-hs
備註：不提供參觀、攝影時不得拍攝學生，以免造成困擾。

放學後的古典部
吃吃遊逛巡禮去

　　《冰果》裡古籍研究部的成員活動範圍幾乎不出高山市區，除了忠於原著外，另一點就是為了以「聖地」來促進地方觀光，從「高山市商工觀光部」的名號在動畫片尾中出現這一點，可以看得出來。

　　高山市圖書館是我第一個目標。在以和風為賣點的高山市內，明治木造洋風建築為藍本的圖書館顯得頗為亮眼，而這裡就是十八集中，千反田與奉太郎調閱資料的地方。館內不限制非本地居民使用，雖然禁止攝影，但我仍然帶著佩服劇組百分百重現的澎湃心情，在圖書館四處閒晃。

　　騎著腳踏車，轉個彎來到了市中心部，人聲鼎沸的高山老街也曾出現在動畫中。位在上之三町的咖啡店「喫茶去かつて（katsute）」就是動畫中奉太郎多次與女帝一塊喝茶、吐槽著「說是一起喝茶沒想到真的來到茶館」的原型，「喫茶去かつて」也是間在觀光客

神山市圖書館參考的「高山市圖書館」

人聲鼎沸的宮川朝市

左：要從相同角度拍攝瀑布的話一定要爬上石頭呢！　右：片頭中眾人橫渡的小橋

左：古籍研究部坐在河邊乘涼，還記得里志踏上的是哪根路樁嗎？　右：「喫茶バグパイプ」的外觀

左：劇中多次出現的「鍛冶橋」十字路口　右：隱身在商店街中的「まるっとプラザ」

中十分出名的店。而向河邊走去，「喫茶バグパイプ（bagupaipu）」就是劇中出現的咖啡廳「パイナップルサンド」。

　　坐在折木坐過的位置上，我啜著咖啡，欣賞著交流簿上同好與同人畫家的留言及畫作，愜意地享受著透過白紗布簾輕輕灑落的陽光，千反田附身的好奇寶寶魂瞬間遊走天涯，偶爾當個「省能少年」或許也不錯吧。

　　由喫茶バグパイプ旁的鍛冶橋越過貫穿市區的宮川，來到了河岸西邊的十字路口。這個車水馬龍的交叉點跟《K-ON！輕音部》中的修學院站一般，各個角度都曾多次出現在《冰果》中，路邊賣烤糰子的店也曾入鏡，一串僅售70日幣的糰子很是美味。

　　宮川的這一頭淨是高山市的商店街，這排有著屋頂的商店街時常出現在劇中，從頭到尾走一遍的話，可以發現不少場景。除了拍攝場景、逛街外，最值得前往的就是距橋頭三分鐘路程，提供包山包海服務的旅遊諮詢與物產展示中心「まるっとプラザ（Marutto Plaza）」了。對粉

商店街中不時出現的《冰果》宣傳海報

坐在折木坐過的位子上喝咖啡，千反田怎麼還沒來啊？

絲來說，最有看頭的就是《冰果》展示區，因為不僅有劇中實際參考的課桌椅與書包，連第一集中曾出現的那塊神秘社團招人訊息都「再現」了呢！除此之外，這裡還提供了《冰果》的巡禮地圖可供拿取，有商工觀光部出力的聖地實在是太好啦！

　　稍微把焦點拉回宮川以及老街這一頭。這條貫穿市區、清澈見底的河川有許多小瀑布，從彌生橋（弥生橋）望去最大的一道瀑布曾出現於片頭中。我小心翼翼地爬上河中石塊，儘可能在安全無虞下，用與動畫相同的角度拍下畫面，踏腳石旁的河岸，就是劇中愛瑠與奉太郎曾經駐足的場所。彌生橋旁的一座小橋也被我拍了下來，因為也是片頭曲中的一景。

　　河岸掛有「宮川朝市」的一條散步道是各式旅遊書都會介紹的觀光名所，《冰果》的片頭也帶到了不少景色。如果想起個大早順便逛早市巡禮的話，那可就失望了！因為路旁的攤販以及觀光客會擋住場景。但是，市場中一攤自家製牛乳讓我即使犧牲了睡眠時間、擇日拍攝都覺得值得，一口氣喝完放在小玻璃瓶中的新鮮牛乳時，真的會讓人發出跟《魔法禁書目錄》中小萌老師喝完牛乳時一樣的聲音：「噗哈～うまい（好喝）！」

喫茶去かつて
地址：岐阜縣高山市上三之町 92　　　　**時間**：10：00 ～ 17：00（週三休）
消費：1000 日幣以下　**網址**：http://www.wdo-kao.jp/katute01.html

喫茶バグパイプ
地址：岐阜縣高山市片原町 75　　　　**時間**：9：00 ～ 18：00（週三休）
消費：1000 日幣以下

まるっとプラザ（旅遊諮詢與物產展示中心）
地址：岐阜縣本町 2 丁目 60　　　　**時間**：10：00 ～ 18：30

宮川朝市
地址：彌生橋至鍛冶橋間道路　　　　**時間**：各店不同，約為 6：00 ～ 12：00

少女的祈禱
一張異常出色的繪馬

　　稍微離開高山市區，我搭著火車來到僅有一站之隔的「飛驒一之宮（飛驒一ノ宮）站」，這裡的「水無神社」就是愛瑠在第五集的夜裡誠心祈禱，以及最終回祭典隱射的地方。社域頗有規模，但由於當地人口不多，整體呈現蕭瑟之美。愛瑠參拜的場景取材於內殿，因需要「升殿料」的關係，我就沒有進入了，據曾經前往的日本網友表示，內殿的部分與動畫中不盡相同，我想劇組可能也沒有實際進入吧。不過，場景取材自此是無庸置疑的。

　　習慣性到神社巡禮都會留意繪馬的我，在這個多半不被《冰果》迷排入行程的聖地找到了一樣好東西，那就是《冰果》漫畫版作者Task Ohna 老師親手繪製的千反田繪馬！老師巧妙利用繪馬上的花紋，讓她的頭上多了裝飾，有著錦上添花的效果，千反田愛瑠，真是可愛極了呢。

漫畫版作者Task Ohna 手繪的千反田繪馬

水無神社
地址：岐阜縣高山市一之宮町石原 5323
時間：境內自由參觀。
交通：搭乘 JR 至「飛驒一之宮」站下車後，徒步 10 分即可抵達。

高山美食

飛驒牛

　　嚴格上來說，飛驒牛應該算「食材」而不是「料理」，但它確實是到高山非吃不可的名產，因為在日本牛肉等級排行中，飛驒地方的牛肉必須要在三等（最高五等）以上才能被認定為飛驒牛呢！

　　高山市街裡到處可見打著飛驒牛名號的料理與餐廳，不過要在財力有限下品嘗高等級的飛驒牛料理，老街上的「飛驒牛咖哩屋天狗（飛驒牛カレーハウス天狗）」是 CP 值最高的選擇。就像是 Armani 有副牌 Armani Exchange 一樣，「飛驒牛咖哩屋天狗」的本家是正統日式料亭，其母公司更為當地有名的飛驒牛專賣商「精肉店天狗」，因此，雖然只是咖哩屋，但食材上可是一點也不馬虎。這間以極簡風裝潢的餐廳只賣牛肉咖哩飯，簡單的白飯淋上僅有肉塊的咖哩，白飯軟硬適當，牛肉軟嫩有味，醬汁微辣不喧賓奪主，讓不愛咖哩的我都為之著迷，要不是預算拮据，還真想再來一盤呢！

飛驒牛咖哩屋天狗
地址：岐阜県高山市本町 1-21
電話：0577-32-0147
時間：11：00 ～ 17：00（週二休，當日份量售完即有可能提前休息）
消費：1600 日幣，可加價選擇套餐
網址：http://www.tengu.jp/curry.html
交通：自高山車站徒步 15 分鐘可抵達

掛川

真的不得不佩服京都動畫公司的細心，為了千反田愛瑠「神山市有名豪農之女」的設定，劇組跑到離京都與高山都有近三百公里遠的靜岡縣掛川，找了真實的豪農宅邸做為場景範本。對於劇組講求完美呈現的精神，我心中只有佩服二字。不過話說回來，萬一《宇宙戰艦大和號》給京都動畫重製，他們會不會真的去找戰艦啊？

豪農千反田宅
千反田飯糰的滋味

靜岡縣掛川，一個以茶聞名日本的小城。我搭著從新幹線掛川站出發的地方鐵路「天龍濱名湖鐵道」到原田站後，沿著鄉間小路前往「千反田家」。待繞過了幾個緩丘與水圳，視野頓時大開，真實的「豪農宅邸」就出現在我的眼前。

「好……大……」我簡直說不出話來。那宅邸外綿延不絕的日式黑瓦白牆，跟散落在聚落中的透天厝比起來顯得突兀，簡直就像是不同次元一樣，說是千反田家，我倒認為跟《旋風管家》的三千院家有得拚。

又走了幾分鐘，總算來到「千反田家」原型：「庄屋屋敷—加茂莊」的大門。這間加茂莊是昔日相當有勢力的大地主加茂氏所有，建於兩百多年前的宅邸即為祖厝，目前已有多處被指定為文化財保存。現在的屋舍則結合著菖蒲花園以「加茂花菖蒲園」的形式，做為「花鳥園集團」旗下的一員對外展示著。

走進屋敷，故事中千反田家的氛圍霎時衝入腦海，依然燒著柴火的灶與動畫完全一模一樣！千反田愛瑠儼然正在廚房捏著飯糰似的。我向工作人員預定了午餐後，左轉進入故事中「古籍研究部」成員們討論的座敷空間。眼見以兩道紙門簡單隔成三大間的純日式空間，一切都與故事神似，甚至在小細節中更為精緻，我坐在他們

聊天的位子上，讓身體靜靜地沉浸在真實的千反田家氛圍中。

「廁所的話，從這裡直直走出去就是了！」我突然想起這個奉太郎誤打誤撞進入愛瑠香閨的插曲。愛瑠的臥房內部，因加茂莊中沒有「女孩子氣」的房間而為虛構，但從官方的取材影片中可得知其「應該存在」的位置，所以我決定起身走向洗手間驗證一番。洗手間

劇中也有出現的灶，仍在使用呢！

的配置大略與千反田口中吐露的相仿，長廊大抵沒錯，千反田的房間也在它的位置，確認好相對位置後，我得出了結論：

「奉太郎不是大路癡，就是老謀深算！」

至於事實是不是如此，各位粉絲，自己來驗證一下如何啊？

在工作人員「午餐準備好了喔」的招呼聲中，我到了愛瑠曾說「廊下很舒服喔」的走廊享受午餐。這裡最特別的餐點，當然就是故事中曾出現過的「手作飯糰」了。一天限定十份的「千反田飯糰套餐」，不僅飯糰本身，就連盛裝的盤子也與故事中一模一樣！問了現場的工作人員，果不其然，當時劇組人員也「參考」了這個盤子，吃著飯糰，喝著特產掛川茶，飯後又來上一份日式茶點，看著與劇中相仿的景色。樂不思蜀，大概就是這麼回事了吧！

花鳥園集團 加茂莊・加茂花菖蒲園
地址：静岡県掛川市原里 110
電話：0537-26-1211
時間：9：00 ～ 16：00
費用：1000 日幣（附茶與茶點）
交通：搭乘天龍濱名湖鐵道，在「原田」站下車，徒步 10 分即可抵達。

主角們解謎的座敷間，從千反田的視角拍攝。

受付處放有許多《冰果》相關物品

一日限定十份的千反田飯糰套餐

「很舒適」的內庭，可以跟劇中一樣坐在這裡吃飯糰喔！

巡禮攻略

💡 **行程安排：**

　　《冰果》的巡禮，依時間、預算與深度，可做一至四天左右的安排。若主要為前往下呂溫泉、白川鄉、合掌村等地觀光，那安排半天至一天左右的時間在市內走馬看花即可；若以巡禮為主，則最少安排兩至三天為宜。

　　掛川的千反田家「加茂莊」距離高山頗遠，自高山市出發最少需半天時間，建議可利用傍晚移動至東海道新幹線上大城市（如名古屋、豐橋、靜岡等）一宿，隔天早晨再搭乘新幹線轉天龍濱名湖鐵道前往。

　　「千反田飯糰」套餐多於十點前售罄，一大早前往預約可確保不會向隅，更可避開人潮。另需注意的是，掛川站沒有可供大件行李寄物的寄物櫃，若攜帶大型行李最好先寄於其他大站再行前往。

🚗 **交通：**

　　高山市是 JR 高山本線上的最大站，也是觀光大城，因此交通頗為發達。自名古屋出發，可搭乘高速巴士或 JR 特急飛驒（特急ワイドビューひだ），火車票單程在 5400 日幣左右；若自日本海側的富山前往，一樣可搭乘特急飛驒，但班次較為稀少。

　　自高山前往掛川，以特急加新幹線最快，票價在 9000 日幣上下，移動時間約四小時，需注意的是，掛川站新幹線僅停 KODAMA 號，車次較少。掛川站下車後，可直接轉乘天龍濱名湖鐵道至「原田」站下車，單程 360 日幣。

　　高山市內的移動以腳踏車為佳，車站外即有租賃店，一天約

在 700 日幣上下，青年旅館 J-Hoppers 與 K's House 皆有提供租賃服務。J-Hoppers 非會員一日為 700 日幣，會員則是 500 日幣，會員還可參加住宿集點，一晚可得一點，四點即可換取一日免費腳踏車，各分店點數可通用，十分划算！

天龍濱名湖鐵道：
http://www.tenhama.co.jp

住宿：

做為觀光重鎮的高山市，有各種等級的旅館可供選擇，車站的旅遊服務中心也可協助推薦。如果你和我一樣在意 C/P 值，建議還是入住青年旅館吧！一晚約在 2500 日幣上下，省下的錢拿去吃飛驒牛、喝牛奶、泡溫泉，豈不快哉？

J-Hoppers 高山店（中文頁面）：
http://takayama.j-hoppers.com/index_c.html
K's House 高山店：
http://www.kshouse.jp/takayama-j/index.html

由此前往斐太高校
腳踏車8分
步行15-20分
途中會經過久美愛厚生病院（「女帝」家經營的醫院）

瀑布拍攝處 ★

片頭小橋 ★

彌生橋

宮川朝市

商店街

鍛冶橋十字路口 ★
まるっとプラザ
（旅遊諮詢與物產展示中心）

鍛冶橋

老街

圖書館 ★

喫茶去かって ★

★ J-Hoppers高山店

筏橋

★ 喫茶バグパイプ

★ 白山神社

★ 折木奉太郎家

★ 日枝神社

沈床花園全景

5

我的朋友很少
可是後宮很多！

名稱：《我的朋友很少》（僕は友達が少ない）
播映時間：
日本：第一季 2011 年，第二季 2013 年
台灣：上映時間未定，原作小說已發行
製作公司：AIC Build

「Kukuku，吾之半身啊，等你很久了，來吧，向我獻上祭品吧！」──羽瀨川小鳩。

　　做為 2011 年日本最暢銷的輕小說，《我的朋友很少》同年也以動畫的形式問世。這部在華語圈取國字「友少」、於日本取平假名「はがない」（haganai）做簡稱，並以「殘念系青春愛情物語」為 Slogan、有著許多擦邊球內容的標準「男性向後宮作品」，動畫化時，包含了許多惡搞與網路用法在其中。例如電視版第一季的標題句末，皆加入了顏文字、志熊理科玩的遊戲，影射了許多當紅作品；而蘿莉銀髮修女高山瑪麗亞的聲優井口裕香，也為《魔法禁書目錄》中造型神似的角色「茵蒂克絲」配音，劇中更以此大玩聲優梗。

《友少》看板就放在入口處，證明這裡是官方認證的聖地。

　　爆笑愛情喜劇《友少》的聖地分散三處，主要位於東京近郊、群馬縣高崎，以及原作者故鄉岐阜縣；就跟遠距離戀愛一樣，有愛的話，距離不是什麼太大的問題，噴出去的孔方兄（錢）才是最大的問題啊！

岐阜

　　分佈三處的《友少》聖地中，最容易前往與尋找的，就是原作者平坂讀故鄉岐阜了。雖然這不是一部因為與觀光產業結合，而刻意在劇中高度擬真的作品，AIC Build 也不是一個喜歡用現實場景入戲的團隊，但校內場景乃至於課後活動，「鄰人部」的部分活動軌跡，還是能在岐阜尋得。

　　有著商業氣息、百分百刻劃出劇中場景的聖地，對比上動漫迷自行尋找出和劇中六七成相似度的景點，前者或許容易入門，但後者有時更吸引人呢！就跟全裸的女體，比不上絕對領域上方若隱若現的美好部分一樣……喂，那位太太，你可別去報警啊！我只是順著這部動畫的調性說話而已！

長良公園
真實的「聖克羅尼卡學園」

　　《友少》故事的主要場景，不用說，當然是發生在柏崎天馬擔任理事長的「私立聖克羅尼卡學園」。由於羽瀨川隼人的請託，小鷹與小鳩這對兄妹得以插班進入就讀，小鷹被編入了兒時玩伴三日月夜空的班級，故事也就由此開始。

　　在劇中擁有偌大校地的學園，參考了兩個現實場景：校舍與「鄰人部」社團教室（兼高山瑪麗亞打盹間）取材自不對外開放的橫濱英和女學院，中庭空間則是以岐阜市長良公園做為範本。

　　捨棄不能參觀的女學院，我來到了岐阜市長良公園，那片頭曲出現過、小鷹與夜空有多次對手戲的學校中庭，參考的就是公園內的「沈床花園」。

　　「沈床花園」這個讓人摸不著頭緒的名字，就是中文裡的「下凹式庭園」，有西式噴泉與幾何圖案排列的花壇，即是這類歐式庭園的特色。長良公園的沈床花園由紅磚牆所包圍，庭園中除了花壇

107

外還有西洋雕塑；老實說，與公園內的老人槌球場，及一旁的日式住宅區有著嚴重違和感，但聖克羅尼卡學園是教會學校，現實中不搭軋的花園反而合適呢！

　　花園位於公園深處，但並不難找，從公車站步行前往的話會抵達側門，也就是片頭曲中理科等人拿著望遠鏡瞧著小鷹的露台正下方。側門入口放著由製作公司同意而設置的比較看板，不過整體來說，這裡並沒有沾染太多的「宅氣」。

　　雖然花園內部跟刻意營造的動漫聖地名所相比，只能說是略遜一籌，如果忽略一些細節，這裡依然是個可讓人徜徉故事氛圍的聖地。花園大約兩至三個籃球場大，很快便可繞完一圈。我按圖索驥，沿著片頭曲的場景繞了花園一番，第一季最終回中，夜空與小鷹的對手戲漸漸浮現在我的眼前……

　　爬上夜空曾走過的螺旋樓梯，走過鄰人部一行人曾走過的廊道，我繞到眾女角拿著望遠鏡跟蹤小鷹的露台，以長鏡頭充當望遠鏡，瞄準小鷹被「偷窺」的位置一瞧；果不其然，雖然僅是「灑鹽空中差可擬」程度的聖地，但「私立聖克羅尼卡學園校園中庭」及「長良公園沈床花園」兩者的「女角與小鷹距離」可說是分毫未差，我又再度「親身體驗」證實了這一點。

　　什麼？叫我學笨蛋修女高山瑪麗亞一樣，「體驗」趴在欄杆上會不會摔下去？開什麼玩笑啊！（ノ`Д´）ノ彡┻━┻

長良公園
地址：岐阜縣岐阜市長良字城之內 1466-10
時間：09：00 ～ 16：30（沈床花園）
交通：自 JR 岐阜站或名鐵岐阜站，搭乘 C31（忠節長良線）、N40、N41（おぶさ墨俣線）至「長良公園前」站下車步行前往，車程約 25 分。

眾女角「偷窺」小鷹的露台

片頭一景，後方的露台就是眾女角聚集的場所。

西岐阜站
鄰人部的課後活動

在日本唱卡拉OK是十分便宜的娛樂，尤其三五好友相約在減價時段歡唱，有時比台灣還要廉價許多。但對沒有朋友的「鄰人部」成員來說，除了去如雨後春筍般展店的「個人卡拉OK包廂」唱歌外，想與朋友一起歡唱可是比登天還難啊！在角色總算湊齊，電動打了好幾集之後，鄰人部首次的校外活動，就是日本年輕人的國民娛樂：卡拉OK囉！

鄰人部集合的「遠夜西」站就是離JR岐阜站僅有一站距離的「西岐阜」站，設在跨線橋上的車站大門，以及圓拱造型的出入口皆是其特色；除了出現在劇中的公車站牌稍微偏移了幾公尺外，門口的景色跟劇中相似度高達八成，是個不需多加比對，就能輕鬆巡禮的聖地。

搭乘JR東海道本線從岐阜前往的話，會如劇中般在第一月台下車，唯一的島式月台跟劇中神似，令我不禁多按了幾下快門。可惜的是，想要拍到動畫裡「月台加紅色電車」的畫面是不可能的，因為羽瀬川兄妹搭乘的電車，其實是以當地私鐵——名古屋鐵道（名鐵）的列車為範本繪製。場景結合名古屋生活圈最常使用的兩大鐵道系統（JR東海、名古屋鐵道），或許這個靈感來自在當地長大的平坂讀老師也說不一定。

與劇中相似度極高的車站外觀

地址：岐阜縣岐阜市市橋四丁目 14-20

交通：位於 JR 東海道本線上，自岐阜出發約 2 分鐘，自名古屋出發約需 25 分鐘

穗積站

拘束解除！魔力解放！

　　「拘束解除！魔力解放！」
（簡稱換衣服）的片段，身為香菜
控、妹控、蘿莉控的「紳士們」一
定無法錯過羽瀨川小鳩換衣服的
畫面吧！因家裡冷氣故障，再加上
喜好的劇中劇角色換上清涼裝扮，
小鳩迫不及待地換上了適合夏天
的服裝，並跟著哥哥出門參加鄰人
部集會，第八集後半的泳裝「灑必
死」，也就由此開始了。

穗積站內一景

　　片頭其實已埋下眾人前往戲水
的伏筆；小鷹購物返家時，背景張貼著水上樂園門票半價的海報，
這幕的場景就位於西岐阜站隔壁的穗積站。從西岐阜站出發的話，
屁股都還坐不熱就到站了呢！我從月台走下，那貼有海報的車站一
景隨即映入眼簾，現場除了樓梯稍寬外，幾乎與動畫雷同。另一個
最大的不同，就是劇中放置海報的告示欄實際上放的是政令宣導標
語，少了一點夏天的活力與歡樂氣氛。

　　穗積站的出入口以及站前廣場也是《友少》場景，小鷹看著噴
水池前卿卿我的情侶，脫口而出了一句：「現在是現充活躍的季
節嗎？」其實以讀者的角度來看，整部作品中最強大的現充兼後宮
王，不就是小鷹嗎？

地址：岐阜縣岐阜市市橋四丁目 14-20
交通：位於 JR 東海道本線上，自岐阜出發約 5 分鐘，自名古屋出發約需 30 分鐘。

高崎

　　群馬縣高崎市在「聖地」中算是個特別的存在，或許是因為《友少》場景之一的水上樂園位在鄰近的桐生市，劇組從東京搭乘新幹線至此換車前往，才順便讓這個東北與上越新幹線的分歧點出現於劇中吧。否則，包括我在內，日本許多聖地巡禮迷也想不透，為何離原作者老家遙遠，跟製作公司也沒有太大地緣關係的高崎會成為聖地。不過，話說回來，聖地就是聖地，就跟「秀吉的性別就是秀吉」一樣，是無庸置疑的！

高崎站前
Trick and Trick！

　　自古即為交通要衝的高崎市，目前依然是新幹線上的重要大站，但因為車費昂貴、路途遙遠，以及這裡的場景多被認為是非決定性場面等因素，常被聖地巡禮迷所割愛。但第三集中，它是星奈與小鷹前往水上樂園時的見面與解散地；第八集中，全體前往戲水的集合地都在高崎，前者是星奈與小鷹的第一次私下約會，後者的排隊人龍讓夜空引發了強烈的人群恐懼症，最終導致早退；第九集裡，鄰人部的首次合宿也因此孕育而生。兩者並非主要劇情嗎？我倒覺得交代了很多背景設定，是挺重要的伏筆呢！

　　高崎站是長野與上越新

高崎站西出入口，小鷹與星奈對話的天橋實際上並不存在。

幹線的分歧點，從東京出發的話，兩線的列車幾乎都會停靠，十分便利，我當然是從善如流，搭新幹線前往囉！在近五十分鐘的車程後，來到了百公里外的這座群馬縣最大城。高崎站不枉「群馬縣交通樞紐」的名號，

是座與百貨公司和商業大樓共構的大型車站，站內滿滿不間斷的人潮是我對它的第一印象，也讓我稍稍能夠理解夜空的人群恐懼症了。

　　不過，就如同長良公園的場景一般，動畫中依然沒有「打造」出一座百分百的高崎站；「遠夜」站跟實地還是有些不同。除了建物結構被改動外，劇組還埋下了「合成」的陷阱，例如羽瀨川兄妹與其他人在車站大門碰頭的戲中，門內的部分選用「東出口」的指示牌，但門外卻選用了「西出口」的人行空橋，這樣的陷阱在高崎這個「聖地」裡屢見不鮮，我每到達一個「場景」不僅得仔細比對，還得努力回想附近有無類似的場所，在車站和東西兩大廣場間疲於奔命。

　　AIC Build，二期製作時請行行好吧！我是來朝聖的，不是來解謎，玩「大家來找碴」遊戲的啊！

地址：群馬県高崎市八島町 222
交通：位於 JR 上越、長野新幹線上，自東京出發約需 50 分鐘，也可搭乘一般 JR 路線前往，從東京出發約需 2 小時。

東京舊前田侯爵邸

　　說到日本的洋樓，大部分的人想到的不外乎是神戶山手地區的異人館，或是橫濱山丘上那一排排的洋樓吧！跟神戶與橫濱地區那些小巧精緻的洋樓相比，1920 年代建成，大好幾倍的「舊前田侯爵邸」靜靜隱身在東京大學駒場校區後方的一片住宅區中，就像是隱藏關卡般的存在。這棟鮮為人知的宅邸，就是劇中星奈家所參考的原型，「偶像大師」（PROJECT IM@S）動畫版中「龍宮小町」接拍的懸疑劇，也是以此做為參考呢！

插曲：二點九九次元

　　在要出發前往動漫聖地巡禮前的幾週，我與住在東京的友人 N 君，聊到了《友少》巡禮計畫。

　　「最近有一個小型 Cosplay 攝影會將在那裡舉辦，想不想參加？」N 君說。

　　「如果找得到星奈的話。」我回道。

　　沒想到，真的遇到星奈了。

　　「聖地巡禮」的初衷，就是希望突破次元的界線，盡情徜徉在動畫出現過的一草一木中。若是能在「聖地」拍攝「角色」，除了跳進螢幕，我想沒有比這招更能夠「完全體驗」作品了吧！

　　扮演星奈的有沙小姐雖然還是大學生，不過已是個 Cosplay 高手，換裝後的她不僅裝扮十分到位，舉手投足都宛若星奈本人出場。我拿著相機的手，微微顫抖著，因為在「星奈家」拍攝「星奈」的夢想，居然真的實現了！

　　有著共同的話題、相同的認知，「圈內人」對於角色和作品的如數家珍，讓語言的隔閡似乎僅如薄冰般，並沒有造成太大的障礙。

　　「天空好刺眼！」在室外拍攝時，她不經意地說道。

「『夜空』好刺眼？確實是如此，畢竟是競爭對手嘛……」我淡淡地回了一句。

　　我笑了，她也笑了。

《我的朋友很少》柏崎星奈：有沙　圖片提供：宇佐野ナギ

東京舊前田侯爵邸
地址：東京都目黑區駒場 4-3-55（區立駒場公園內）
電話：03-3466-5150
時間：09：00 ～ 16：30（週一、二休，若遇國定假日則正常開放）
費用：免費。若需人像攝影（如 Cosplay）需事先遞交申請書，付費拍攝。
網址：http://www.city.meguro.tokyo.jp/shisetsu/shisetsu/koen/komaba/index.html
交通：搭乘京王井之頭線於「駒場東大前」站下車，出站後徒步 8 分鐘即可抵達。

在日本拍攝 COSPLAY

最簡單的方法，就是跟在台灣平時合作的 Coser 買張機票一起去日本，如果有這麼簡單就好了！由於國情的不同，在日本拍攝 Cosplay 的規矩與台灣有很大的差異，最大的特點就是「付費」了，無論是攝影人或是 Coser、在何處拍攝都需繳交費用，公共場合也是嚴禁私自人像攝影的，這一點很重要喔！若是首次拍攝的對象，拍攝完畢後最好能交換名片，以便後續聯繫。當然，若是想拍攝日本 Coser，最好通一點日語，不然鴨子聽雷可就尷尬了！可拍攝 Cosplay 的地方如下：

1. Comiket 與 DreamParty：前者是日本最大的同人誌展售會（也就是台灣人熟知的 Cxx，如 2012 年冬季舉辦的活動為 C83）；後者也是大型的動漫展覽，每年於東京和大阪兩地舉辦，子展覽稱為「COSPLAY 博」。兩者皆是日本大型的 Cosplay 盛會，皆需付費入場，入場後拍攝方式與台灣相同。

2. 於大型場地、遊樂園舉辦的攝影會：例如 TDC（Tokyo Dome City）、TFT（東京ファッションタウンビル /Tokyo Fashion Town Bldg.）的攝影會，同樣皆需付費。除與 Coser 相約入場外，攝影師也可單槍匹馬入場。這類活動的拍攝方式皆是以一對一方式進行，若是沒有伴也不好意思開口搭訕，跟著其他攝影師排隊就對了，但是請不要製造包圍網，更不要佔用太多時間喔！

3. 攝影棚或出租場地：日本各地均有許多攝影棚提供租借，有些甚至是由同好所經營，因此會有許多場景可供利用，十分物超所值。出租場地例如上述之「舊前田侯爵邸」，事先申請付費後即可使用。

4. 街拍、公共場所拍攝：在日本的公共場所拍攝，需至相關單位繳交道路或場所使用費才能拍攝，不要傻傻地換好衣服就在路上或公園拍攝，沒申請的話，可是會被罰錢或是帶去派出所的！

有了拍攝場地，那拍攝對象要去哪裡找呢？日本最大的Cosplay同好集散地非Cure和Archive莫屬，攝影師登入會員後即可發訊息邀請Coser，或自行　刊登想要拍攝的主題和地點，等待Coser回應。上述的2.與3.的消息也會在Cure和Archive上刊登，若是碰到有人開團包場，跟自己屬性和時間對得上的話就趕快加入吧，日本的場地很優，但場地費可是貴森森呢！

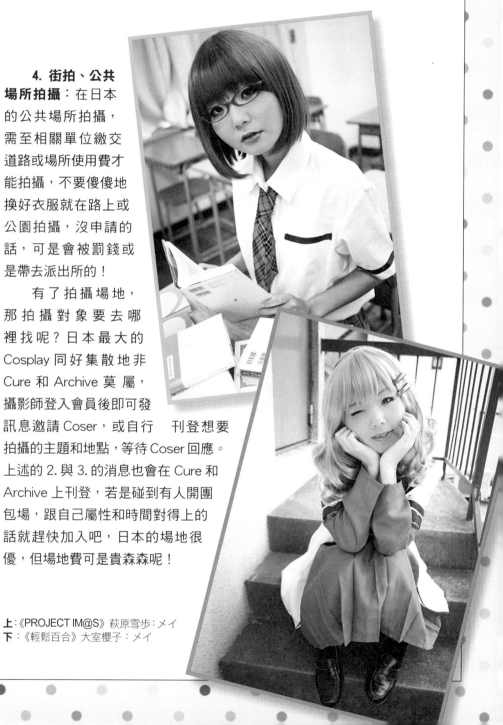

上：《PROJECT IM@S》萩原雪步：メイ
下：《輕鬆百合》大室櫻子：メイ

巡禮攻略

💡 行程安排：

　　《友少》的聖地分散三處，岐阜約需半天，東京及高崎最多不會超過三小時即可制霸。若是想要一次攻略，需考量交通費問題，建議最好做為副主題，搭配其他作品的聖地或旅遊計畫前往。例如岐阜的場景可搭配《冰果》，東京的場景可搭配《魔法禁書目錄》等。

　　高崎離東京較近，若是時間與金錢允許的話，可以安排類似的一日遊：早上前往舊前田侯爵邸一遊，中午前往秋葉原的 GSC（GOOD SMILE X 卡拉 OK 鐵人）餐廳本店用餐，下午自鄰近的上野車站搭乘新幹線前往高崎。

　　想在舊前田侯爵邸內拍攝 Cosplay，建議可上 Archive 網站搜尋是否有攝影會的消息，場地費一天約在 5000 日幣左右，攝影師與 Coser 皆需繳交費用。劇中的水上樂園「龍宮ランド」影射的是群馬縣桐生市的「加勒比海灘水上樂園（カリビアンビーチ）」，鄰近高崎市，但搭乘大眾交通工具不便，且館內不宜拍照，可斟酌前往。

🚗 交通：

　　若是單點進出日本（例如東京進出）又想一次攻略的話，建議使用 JR-PASS 較為方便，七日份 JR-PASS 普通票價格為 28300 日幣，東京來回岐阜與高崎即能回本。岐阜市內公車非單一票價，上車前請記得抽取整理券，自 JR 岐阜站搭乘公車前往長良公園票價為 200 日幣。

🏠 住宿：

　　東京的旅館選擇多樣，可依照預算選擇落腳處，舊前田侯爵邸所在的「駒場東大前」站與渋谷僅有一站之隔，因此選擇渋谷、原宿、新宿等地住宿較為方便。岐阜市內住宿選擇不少，建議可下榻於僅有半小時車程的名古屋，不僅可遊逛中部地方最大的阿宅集散地「大須」，名古屋站附近也是《電波女與青春男》的部分聖地。由於高崎鄰近東京，因此並不建議住宿。

　　連鎖的「APA Hotel」有提供正體中文訂房網頁，適合預算中等且怕麻煩的懶人或新手挑選。

APA Hotel：http://www.apahotel.com/~language/zhtw/index.html

🛒 購物：

　　岐阜的動漫專賣店寥寥可數，半小時車程外的名古屋選擇性較為多元，名古屋車站前即有 Animate、指南針（Lashinbang）等連鎖動漫商品店。幾分鐘車程外的大須則是被公認為日本三大阿宅集散地之一，連鎖、獨立的動漫商品店林立，比起東京秋葉原和大阪日本橋可說是毫不遜色，而其中最值得一瞧的就是畫廊「ART JEUNESS」，裡面定期展示名繪師的原畫，且皆為免費入場，錯過在台灣舉辦的「繪師百人展」嗎？來大須準沒錯！

ART JEUNESS（アールジュネス）名古屋
地址：愛知縣名古屋市中區大須 3-11-19
電話：052-259-2761
時間：依各特展公告為準
費用：免費。若希望購買繪師原作，現場提供交易，但價格不斐。
網址：http://www.artjeuness.net/
交通：搭乘名古屋地下鐵鶴舞線至「大須觀音」站下車，出站後徒步 10 分鐘即可抵達。

湘南海邊百選之一的七里之濱日落

6

侵略！花枝娘
好聖地，不侵略嗎？

名稱：《侵略！花枝娘》（侵略！イカ娘）
播映時間：
日本：第一季 2010 年，第二季 2011 年
台灣：第一季 2012 年，第二季 2012 年
製作公司：diomedéa

「侵略！侵略！侵略！侵略！侵略！侵略！花枝娘！」
—— ULTRA-PRISM。

　　你曾跟過＼腳腳／風潮嗎？

　　這隻立志要讓破壞海底生態的罪魁禍首「人類」臣服的海底生物，就如同其他搞笑動畫裡的侵略者一般（例如某隻傻瓜青蛙領軍的外星團隊），並沒有侵略成功，反而過著跟華文華武一樣天天斟茶倒水，洗衣疊被，甚至偶爾還要嘔吐一下代工墨魚麵的生活。雖說如此，但是她那「腳腳」（ゲソ／GESO）的洗腦口頭禪倒是風靡了各大網站，無論日本還是台灣，討論區近乎洗版式的回文更是成了火熱的全民運動。最終，花枝娘的口頭禪拿下了「2010年日本網路流行語大獎」的第三名寶座，至今這句口頭禪仍會不定時地出現在文章的一角，而花枝娘也依然毫不留情地，用一樣又一樣的周邊商品，繼續侵略著阿宅們的荷包。

　　話說某個關西腔的外星旗袍女的語尾好像是「阿魯」，動畫中非人類角色的口頭禪，怎麼都那麼奇怪呢，Kukuku⋯

悟郎「埋伏」的路口

湘南

　　湘南，不只有賣花枝而已。這個東京近郊以鎌倉大佛、單軌電車以及江之島聞名的風景區，每年都吸引成千上萬的海內外遊客到訪，它有山、有水、有文化又帶著青春活力的特性，不僅為《侵略！花枝娘》所參考，更讓許多動漫畫以此做為題材，亦或是與當地觀光產業結合推出作品。雖然我是因《侵略！花枝娘》而前往，但入了寶山豈能只拿黃金而回？當然是整碗捧走啊！我買了遊逛湘南最重要的交通工具：江之島電鐵（江之電）一日券後，就開始用一步一腳印「侵略」湘南囉！

由比之濱
「海之家檸檬」的所在地

　　花枝娘侵略陸地的「第一現場」，當然就是「收養」她的相澤一家，在海邊經營的「海之家檸檬」了。從鎌倉站搭著江之電至「由比之濱（由比ヶ浜）」站下車，徒步幾分鐘後就能到達故事中出現的海灘：由比之濱海水浴場。不大的車站在夏天過後顯得冷清，由水泥與鐵皮搭成的簡陋建築很不起眼，但其實這裡就是第一季動畫片頭曲首幕的出處，簡而言之，就是《侵略！花枝娘》動畫的開始。我拍下了動畫中被改為「侵略」的「由比之濱」站出入口後，朝著海邊前進。出站後往海邊的第一個十字路口，就是第二季第六集中悟郎與千鶴等人「不期而遇」的場景。而繼續朝花枝娘與相澤一家慢跑路線的反方向走了幾分鐘，空氣中開始飄著海濱特有的鹹味，我跨越馬路、走下階梯，踏上了由比之濱海水浴場的沙灘，那個「海之家檸檬」應該存在的地方。

　　初秋的由比之濱，除了看得到少數當地居民之外，就剩屈指可數的衝浪客，顯得有些冷清。但對於巡禮來說算是不錯的時節，少了夏天的酷熱和人潮，以及冬天的寒冷與寂靜，可以恣意、不受打

擾地在這片海灘上活動。「海之家檸檬」的位置並不難找，但面對空無一物的「建地」，也只能拍張照意思意思了。

回到沿海岸線修築的道路，我順著靠海一側的人行道向西行。不走靠山一側的原因是，第二季片頭曲中，小武與一群朋友抬頭觀看飛天花枝娘的場景，就在靠海的這一頭。拍下了這第二季片頭曲的場景後，不久便找到了掛在路旁欄杆上的「深夜花火禁止」告示牌，在第一季的片頭曲裡，這片告示牌也被改成了「侵略」二字收入動畫，我也將這絕對會被夜遊青年忽略的牌子，收入記憶卡當中。

來到了與 32 號縣道的交叉點，車水馬龍的路口揭示了進入市區的訊息，第二季第六集中的慢跑路線又出現在不遠處，我忍痛放棄了臨海道路彼方有的《TARI TARI》片頭場景，拍下了慢跑時眾人分道揚鑣的「和遊庵」後，繼續和花枝娘「長相廝守」而去……我暗自許下心願，不久的將來，一定會把這塊拼圖給補上的！

交通：江之電「由比ヶ浜」站下車，徒步 10 分鐘即可抵達。

被改成「侵略」的由比之濱站招牌

左：跟車站招牌一樣被「侵略」的標語　右：慢跑時眾人分道揚鑣之處，已快到「長谷」站了。

故事的主要場景「由比之濱」海灘

鎌倉
花枝的遊逛，紗羽的家

「到現在還沒有好好跟你介紹周遭環境吧？」榮子說。上陸「侵略」的花枝娘在海之家檸檬無薪實習 17 集後，因為榮子的提案，由她與小武兩人領路，花枝娘來了趟湘南觀光之旅。而我也就跟著花枝娘、榮子和小武三人的一日遊路線，開始了湘南觀光的初體驗。

北鎌倉站附近的「淨智寺」是我的第一個目標，從北鎌倉站下車後步行約十分鐘，就能來到這間鎌倉幕府時代創建的寺廟。這裡除了是花枝娘三人遊逛湘南的第一個景點，也是《TARI TARI》沖田紗羽家的原型。買了門票，我走進寂靜的寺廟內，裡面不大，再加上供養著許多先人墳墓，繞一圈即可得知紗羽養馬的情況應該是虛構的，「叨擾先人」這種事在穩重的紗羽身上不可能發生啦！我沿著指標在墓園與石窟中前進，總算找到了「鎌倉七福神」之一的「布袋樣」，也就是華人所熟知的「布袋和尚」，故事中，三人摸

《TARI TARI》裡紗羽家的原型

著肚皮的場景令人印象深刻。而根據當地傳說，摸了布袋樣的肚皮可以得到滿滿的元氣，我以故事中的角度拍下後，也上前摸了摸布袋樣的肚皮，從祂亮晶晶的肚皮來看，應該有很多人曾經從這裡得到不少元氣吧。

離開了淨智寺後來到鐮倉站，這裡除了是大多數遊客的湘南觀光起迄站外，也是周遭飲食補給最方便的地方。我先在車站旁的商店街吃了當地有名的「生吻仔魚丼」後，步行前往日本三大八幡宮之一的鶴岡八幡宮，境內許多地方被指定為國有文化財的鶴岡八幡宮，就是花枝娘一行的第二站。《侵略！花枝娘》裡有幕花枝娘從大石階下的舞殿跑向境外的場景，不知道她這麼匆忙是為了什麼呢？故事中沒有交代，不過我想貪吃的花枝娘，或許是為了參道上的小吃攤呢！

內部參觀入口，劇中完整重現了這個畫面。

花枝娘在劇中從鶴岡八幡宮舞殿前跑過，與現實完全吻合。

從鐮倉搭著江之電來到了「長谷」站，洋面孔與大批校外教學的中小學生都在這站下車，所有人的目的地都一樣，那就是距離車站僅有十分鐘路程的「鐮倉大佛」。

正式名稱為高德院的鐮倉大佛，要算是鐮倉地區最有名的景點

了，放眼可見滿滿的人潮、耳裡可聽見各式的語言，在在顯現了它的高人氣。在《侵略！花枝娘》中，它不僅出現在「花枝娘湘南行」中，也曾多次在片頭裡登場。我盡量避開滿滿的觀光人潮，拍下了與故事內相同角度的相片，而就如同鄉民喜歡惡搞八卦山大佛是一尊巨大機器人一樣，花枝娘也被榮子的「如果靠近鎌倉大佛時被發現有敵意，會被鐵拳制裁喔」謊話唬得一愣一愣，甚至被震懾到不敢正視，到了內部參觀時也懼怕得渾身發抖，鬧了不少笑話。

會「制裁壞人」的「鎌倉大佛」

　　鎌倉大佛內部就如同故事內一樣是可以參觀的，僅需付 200 圓日幣，我付了錢走進去，雖然內部有些幽暗，拍照不易，但仔細對照一下動畫場景可以發現，幾乎是完全吻合的。拍下了在高德院內最後一張巡禮照片後，當然就是朝著江之島方向移動囉！

淨智寺
地址：神奈川縣鎌倉市山ノ內 1402　　　　**電話**：0467-22-3943
時間：09：00 ～ 16：30　　　　　　　　　**費用**：200 日幣
交通：JR「北鎌倉」站下車徒步 5 分鐘即可抵達。

鶴岡八幡宮
地址：神奈川縣鎌倉市雪ノ下 2-1-31　　　**電話**：0467-22-0315
備註：境內自由參觀　　　　　　　　　　**網址**：http://www.hachimangu.or.jp
交通：JR、江之電「鎌倉」站下車徒步 15 分鐘即可抵達。

高德院（鎌倉大佛）
地址：神奈川縣鎌倉市長谷 4-2-28　　　　**電話**：0467-22-0703
時間：08：00 ～ 17：30（10 月至隔年 3 月：08：00 ～ 17：30）
費用：200 日幣　　　　　　　　　　　　**網址**：http://www.kotoku-in.jp
交通：江之電「長谷」站下車，徒步 10 分鐘即可抵達。

鎌倉美食

吻仔魚丼

　　來到靠海的鎌倉，當然就是要大啖海味啦！鎌倉最有名的地方料理，就是隨處可見的「しらす（Shirasu/ 吻仔魚）丼」。香Q的米飯上鋪著水煮吻仔魚，並擺放些許海苔絲做陪襯，簡單卻保留食材原味，就是吻仔魚丼美味的原因。而除了上述「經典做法」之外，「生吻仔魚丼」更難得一見，僅能使用當日捕撈的吻仔魚做成的丼飯，每一口都能吃到吻仔魚的軟嫩與鮮甜，是老饕口中的夢幻美食。

　　「鎌倉電影堂」（鎌倉キネマ堂）是一間隱藏在小巷中，結合日本老電影氛圍的古書店兼餐廳。店內充滿懷舊氣氛，新鮮的食材和老闆純熟的手藝也是吸引顧客的原因，比起大街上觀光客經常造訪的名店，「鎌倉電影堂」一份份由老闆細心製作的餐點，更是令人回味。

鎌倉電影堂
地址：鎌倉市小町 2-11-11
電話：0467-22-6667
網址：http://www1.kamakuranet.ne.jp/kinemado/cafe%20koujichu2
交通：JR、江之電「鎌倉」站下車徒步 5 分鐘即可抵達。

時間：11：45 ～ 19：00
費用：生吻仔魚丼 950 日幣

七里之濱
榮子的學校與揮手的平交道

　　搭乘江之電往江之島前進，穿梭在鎌倉市街中的江之島電車在
離開「稻村ヶ崎」站後，彷若進入了不同世界，窗外的古鎮景色倏
地消失，夕陽餘暉灑落在車廂內的每個角落，海濱、藍天、波光、
衝浪客成了車窗風景……接著，「日本海岸百景」之一的七里之濱
隔著玻璃，吸引著每個來到湘南的旅人們。

　　我雖然沒要衝浪也不是來玩沙，但也在「七里之濱」（七里ヶ
浜）車站下車，因為從車站往鎌倉方向步行幾分鐘，就能來到劇中
相澤榮子所就讀的「倉鐮高校」原型：「七里之濱高校」。依山傍
海的七里之濱高校並不難找，是海邊最明顯的地標，外觀則是日本
動畫或日劇中常見的實用主義風格建築。我走上緩丘來到了動畫中
也曾出現的校門口，隱約可見校舍全貌，真實的七里之濱高校雖與
動畫中出現的有差異，但不遠矣。我拍下了這間榮子、早苗（以及
花枝娘在第一季第五集）出現過的學校後，搭車轉往同樣位於七里

知名的「灌籃高手平交道」

130

之濱的另一間高中：鎌倉高校。

　　相信講到「湘南」，大部分的人想到的不是鎌倉、江之島，而是一個相對的名詞：「湘北」。《灌籃高手》中的「湘北高校」就如同其他動漫畫中的學校一般，是個虛構的學校，但灌籃高手這部作品中有許多場景都取材自湘南海岸周邊，例如「鎌倉高校」就是劇中的「陵南高中」原型。

　　在「鎌倉高校前」站下車，當然不是為了進入鎌倉高校體育館，看那句教練對魚住說：「不要扶他！」的名場景，更不是要拍基本上沒人記得的「陵南高中」校門，而是為了一個經典：櫻木花道對著赤木晴子揮手的平交道。這個《TARI TARI》日版 DVD 第二集封面也出現過的平交道，就在通往鎌倉高校的盡頭，從車站出來後即在眼前，平交道不大，但由於是通往鄰近住宅區的重要道路，因此車流量不小，抓了個空檔，我終於拍下了這個在六年級至八年級動漫迷心中佔有一席之地的經典場景。

　　對許多人來說，《灌籃高手》是青少年時的回憶，也是接觸籃球的開始。在接觸這部動畫十多年後，七年級生的我總算來到這個「灌高聖地」，好似即將離鄉遠行的遊子般，帶著一種複雜的心情，心中咀嚼著經典台詞，久久不願離去。

　　揹起行囊，我跟著剛下課的鎌倉高校學生一起搭上電車離開，一群帶點不良少年感的男高中生在車內喧鬧著，其中也有與《GTO》、《湘南純愛組》主角鬼塚英吉相似的人物；或者說，我看到的其實是櫻木軍團呢？……有著多種風貌的湘南，不愧是多部動漫的取材聖地，引人無限遐想啊！

江之島

花枝娘 x 釣球 x TARI TARI

　　江之電西段的江之島，從百年前開始，就是日本人戲水避暑的好去處，與鎌倉並稱湘南地區兩大遊憩景點。我搭著搖搖晃晃的老式列車，伴隨波光粼粼的海景，當自己是個「學園系動畫」角色要參加暑假海濱合宿一般，來到了江之島。

　　或許是因為花枝娘大部分的故事場景在鎌倉地區，也或許是日本節目最常出現的問題——「尺が足りない（時間不夠）」，因此，花枝娘在江之島地區的輕旅行只有少少幾幕，但到了現場，還是可見劇組的用心，例如商店街入口處的一幕裡，旁邊商家的帆布遮雨棚、一旁的小攤販、商家的窗戶等……都做得維妙維肖。我在江之島入口駐足許久，恍如置身事外般看著熙來攘往的人潮，裡面會不會有隻花枝娘也混在觀光客中呢？……

讓很多粉絲失心瘋的「聖地限定」商品

　　到了江之島這個寶山，當然是不能空手而回，雖然有許多動畫皆曾以江之島為場景，但近期最知名且與當地觀光深度配合的動畫，當屬《釣球》與《TARI TARI》了。我走進江之島商店街，馬上就見到了典型的「聖地巡禮商法」：畫著《釣球》裡「えり香」的帆布旗幟。

　　平常僅見海報或商品的我，對於旗幟能夠這樣正大光明擺在路邊攬客，還是有點吃驚，而這通往江島神社的商店街裡，除了販售金澤湯涌溫泉

也見過的《花開物語》與《TARI TARI》聯名的「柚子乙女」氣泡水外，還有為數眾多的土產店，賣著以釣球為包裝的伴手禮。

　　幾位穿著制服的小女生一邊掏錢把心愛的土產買下，一邊興奮地討論著故事，這種創造製作單位、商家、動漫迷三贏的「宅經濟」，或許就是這幾年日本各地雨後春筍誕生「聖地」的原因吧。

　　我走在《TARI TARI》主角坂井和奏的通學路上，買了一瓶畫著和奏的氣泡水，大口喝了起來，手上還拿著蓋了一半的《釣球》闖關蓋章卡，大滿足！

《釣球》闖關蓋章卡，集滿可兌換精美小禮物。

133

劇中完整重現的江之島商店街入口

動漫小常識：《TARI TARI》、《釣球》
《TARI TARI》為 2012 年由 D.A. WORKS 製作的學園系小品動畫。與同公司另一部作品《花開物語》相同，該作在取材時受到湘南地區觀光業者與地方政府的大力協助，因此劇中隨處可見湘南地區景點入戲。
《釣球》（つり球）則是一部以江之島為背景的女性向作品，由 A1 Pictures 於 2012 年所製作上映。在強大的男性聲優陣容，以及有趣的故事相輔相成下，吸引了不少女性動漫迷前往朝聖。

たいへん
よくできました。

巡禮攻略

💡 行程安排：

　　《侵略！花枝娘》的景點多半為湘南地區知名景點，若僅希望朝聖《花枝娘》一部作品的話，「湘南一日遊」即可，不需刻意研究路線即可輕鬆暢遊；唯「高德寺」（鎌倉大佛）遊客眾多，早晨前往較能避開人潮。若想要同時遊覽多部作品，則以「一部作品使用一天」的玩法較為妥當，也較為愜意。湘南地區能依靠步行前往的場景不在少數，上下石階更是不少，因此一雙好走的鞋子，也是巡禮時必備的喔！

🚗 交通：

自東京、橫濱等大城市前往湘南地區十分便捷，可利用班次眾多的「JR橫須賀線」前往，依據出發地點的不同，車程約在30分至1小時左右。湘南地區主要交通工具為「江之島電鐵」（江ノ島電鉄），一日券「のりおりくん」（乘降君）僅需580日幣，十分划算。

「江ノ島電鉄のりおりくん」（江之島電鐵一日券）：
http://www.enoden.co.jp/toku_ticket/noriori.html

🏠 住宿：

　　湘南地區平價商務旅館多位於藤澤車站附近（江之電西端總站），若將於湘南地區進行聖地巡禮超過三天以上，建議可投宿該地，以節省拉車時間。若僅造訪湘南地區一、兩日，則不妨選擇東京、橫濱等大都市，來回車程僅一至兩小時，省去「搬家」的勞累與時間，且兩地有更多平、低價住宿可選擇。日本兩大訂房網站「JALAN」、「樂天旅遊」皆可依價位選擇、預約訂房。

JALAN（日文）：http://www.jalan.net
樂天旅遊（中文介面）：http://travel.rakuten.com.tw

絵馬掛け所

鷲宮神社大量的「痛繪馬」

7

幸運☆星
聖地巡禮迷的聖地

名稱：《幸運☆星》（らき☆すた）
播映時間：
日本：2007 年
台灣：「NicoNico 動畫（台灣）」，
　　　 於 2011 年播映正體中文字幕版
製作公司：京都動畫公司

「貧乳是稀有價值！具有稀少屬性！」——泉此方。

　　《幸運☆星》並非首部取材自「三次元世界」的動畫，但提到「聖地巡禮」，鮮少有人會遺忘這部開創「聖地商法」的作品。在《幸運☆星》之前，其實不少動漫都曾參考實景，例如《純情房東俏房客》的「雛田莊」取材自山形縣的銀山溫泉、《新世紀福音戰士》的「第三新東京市」實為箱根溫泉區、《Clannad》中的小鎮由多個日本城鎮拼貼而成等。相較於《幸運☆星》，這些「前輩作品們」有著「非寫實畫面多」、「交通不便」、「勞民傷財」等問題，而當時透過網路交流動漫的心得也不似今日普遍，因此「在現實生活中享受動畫」多半僅存在於少數發燒友之中，難以成為多數動漫迷的活動。

　　搭上了社群網路與部落格興起、網路形態改變（web 2.0）的順風車，《幸運☆星》粉絲得以簡單地與素昧平生的愛好者交流心得，而有著地近東京之利、取景集中、畫面忠於實景等優勢的《幸運☆星》場景，自然成為了現實世界中凝聚粉絲的「聖地」。而除了粉絲外，嗅得商機的製作公司與地方人士更是將「聖地」推向高峰，在官方認可與協助下，掛名「角川書店」的角色神輿、地方商工會掛名的旗幟、聲優代表劇中角色接下「特別住民票」等活動以及聖地商品販售，讓《幸運☆星》成為了近年「聖地商法」的代表作，動漫迷的聖地巡禮普遍化，也由此誕生。結合地方觀光，製造動漫迷探訪場景的「聖地商法」從此開始被廣泛運用在動漫作品中。

　　講了這麼多古，實在有點不符合這本書的調性……先別管聖地巡禮了，你聽過安……不，「傲嬌雙馬尾卡嘎米」嗎？

埼玉

　　埼玉雖然屬於東京生活圈（首都圈），但由於知名景點不多，鮮少被主流旅遊書大篇幅報導，不過說到「Saitama Super Arena」（SSA）大概很多人都會「喔～」一下吧！除了每年夏天舉辦的「Animelo Summer Live」外，許多聲優也曾在這個數一數二的大型體育館舉辦過大型演唱會。《幸運☆星》的兩大聖地：鷲宮與春日部就在離 SSA 不遠的地方。

　　搭上劇中的「糖武鐵道」（現實裡的「東武鐵道」），我前往春日部，也就是劇中主角們就讀的「陵櫻學園」的所在地。

春日部
高中生與幼稚園兒

　　對於稍微有接觸動漫畫的人來說，「春日部」這個名詞應該不會陌生。雖然提到「陵櫻學園」或《幸運☆星》，他們可能會搖搖頭，但提到「著迷於動感超人的番薯臉五歲幼稚園兒『野原新之助』」大概沒有人不認識吧！

　　以臼井儀人老師長住的春日部市為背景創作的《蠟筆小新》讓這個小城遠近馳名，車站外畫有小新的巨大帆布看板可是當地最醒目的地標。順道一提，「住在」春日部市十多年的野原一家，可是比鷲宮町的柊家姊妹還早拿到「特別住民票」呢！

　　跟大樓屋頂帆布看板相對的，是個低矮的迷你車站──東武鐵道「春日部」站。這僅有一層樓高的建築不僅是春日部市的門戶，也曾以諧音「糖日部」出現在《幸運☆星》中，包括片頭曲中小司跳舞的鏡頭、眾人提到血型問題的一幕，甚至放學集合的畫面，都曾在這裡發生。

　　往「陵櫻學園」的站牌和劇中一樣，位於車站右側，我搭上了同屬於東武集團的公車，前往位於市郊的「陵櫻學園」，也就是現

實中的「春日部共榮高校」。幸運的，我搭到了與動畫中相似的車型，離峰時間的公車也沒有太多的乘客，坐在此方等人最常坐的最後一排，我看著窗外漸漸出現的稻田，不到十分鐘，就來到了這間被綠意包圍的高中。

從側門的公車站往正門走去，僅被矮牆包圍的校舍，讓我一覽無遺，感受到濃濃的動畫氣氛：動畫第一集裡，此方跑步的田徑場、OVA 版裡眾人打過排球的體育館、片頭曲中大家穿啦啦隊服跳舞的紅色校舍、等車的拱型遮雨棚……等等都跟片中的「陵櫻學園」雷同。對我這樣一個動畫已看了 N 百遍、中日文漫畫都有買，還靠著猛 k《幸運☆星》台詞考過日語檢定一級的死忠粉絲來說，這些場景可是在夢裡都會出現的片段，能親眼瞧見這些畫面，真是太銷魂啦！

因為有不少學生在校內活動，在不違反校園規定的通則下，我花了幾分鐘，慢慢地用眼睛一路「巡禮」到正門口；動畫片頭裡，美幸跳舞的校門與現實差異不大，除了半圓形的校舍稍微偏了一些外，動畫劇組幾乎重現了整個校門區塊，我滿心歡喜地拍下已透過螢幕看過無數次的校門後，走回了公車站牌。

春日部共榮高校站牌，有小憂跟小南的對手戲。

春日部站內天橋，眾人在此分道揚鑣。

　　「我忘了問名字（ＴﾛＴ）」體弱多病的此方表妹小早川優在入學考試後身體不適，被同為考生的岩崎南攙扶到了保健室休息，最後道別的地方，就是這個往市區的不起眼公車站牌。

　　我搭上車回到春日部車站，模擬著柊家兩姊妹回家的路線，「聖地巡禮迷的聖地，我來啦！」

春日部共榮高等學校
地址：埼玉県春日部市上大増新田 213 番地
網址：http://www.k-kyoei.ed.jp/hs
交通：自春日部站前 2 號站牌，搭乗往「かすかべ温泉」（Kasukabe Onsen）的公車至「春日部共榮前」下車。
備註：不提供參觀、攝影時不得拍攝學生，以免造成困擾。

141

鷲宮

聖地中的聖地

　　在 2010 年被併入久喜市的鷲宮，是個比春日部市更為鄉下的地方。鷲宮車站不大，是個簡易的高架跨站式車站。站方在閘門外的顯眼處貼上了往聖地「鷲宮神社」的路線圖，裡面清楚標示著三條建議的散步路線，我選擇了最遠但可以遊逛市區的一條路線，設定好手上的 GPS 後，向神社走去。

　　雖說是「鷲宮市區」，但對以農業為主、住宅區為輔的地區來說，充其量也不過是車站前的一條街罷了。雖然市區沒有大城市的喧鬧，但也因為如此，保留了鄉下的人情味與四周閒適恬淡的氣氛。

　　我走入車站前一間猶如《電波女青春男》劇中的「田村商店」雜貨店──「染谷商店」，這間小店貼有許多《幸運☆星》圖案、兼賣周邊商品，很難不引人注意；第一眼雖然會有違和感，但稍微適應後，反而會覺得其中的平衡感真是妙不可言。顧店的是個上了年紀的老奶奶，她很熱情地招呼我，也很樂意讓我拍下店內的景觀。

染谷商店中由美水鏡老師親自繪製的簽名板

　　「那張掛在樑上的要記得拍喔，是《幸運☆星》作者美水鏡親手繪製的簽名板呢！」她親切地說道。

　　這樣溫馨的氣氛，真的不錯呢。柊家姊妹在這種環境長大，一定很幸福吧！

　　沿著地圖指示，繼續朝著鷲宮神社前進，走沒兩分鐘，我找到非走這條

路不可的理由了！那就是這條路的路燈下方，都掛著繪有《幸運☆星》的小旗幟。畫有巫女服的柊家雙子等各式不同顏色、不同人物圖案的旗幟，延伸到了路的盡頭，讓動漫迷不至於在前往神社的途中，頓時迷失了方向。

鷲宮商店街的小旗幟

　　台灣的廟宇活動會掛上寫有宮廟名稱的紅燈籠，日本的神社寺廟也會有旌旛或紙燈籠列於參道邊，動漫的聖地則掛上繪有角色的旗幟引領著聖地巡禮者前往，這樣看來，鷲宮還真有那麼一點「宗教氣氛」呢！

　　拜旗幟所賜順利到達了鷲宮神社，但也多花了好多時間在欣賞沿途風景跟拍攝上。鷲宮神社不大，平日的午後人也不多，但同好一樣不少，我找到了由柊家姊妹聲優加藤英美里、福原香織兩人一起揭幕的紀念石板，這塊石板雖然小而不起眼，但代表著製作公司、地方人士已認可這樣的活動，鷲宮成為「聖地巡禮迷的聖地」，我想是當之無愧吧。

　　在許多民眾對日本動漫次文化還抱持著不置可否態度的日本，能夠立下這樣的碑石，也代表著一股強大的宅文化力量已在日本蓬勃發展，它甚至跨越國界，傳送到了世界各地。

　　石碑旁就是加藤英美里、福原香織兩人扮起服務生，白石稔與今野宏美上演真人版「Lucky Channel」的「大酉茶屋」，可惜前往的日子該店公休，沒能進去好好喝個茶，留下了一個小小的遺憾。不過這應該是動漫之神希望我能再訪的暗示吧。

　　拍下了小鏡在片頭曲裡跳舞的場景後走進了神社。鷲宮神社不愧是關東最古老的神社，社內古木參天，建物不華麗卻是古色古香，是個讓人能沉澱心靈的地方。

上：片頭裡小鏡跳舞的畫面
下：商店街中處處可發現《幸運☆星》的蹤跡

有著靜謐氣氛的鷲宮神社

平日的本殿雖不開放，但可在外部參拜，被指定為文化財的銅鏡也可以隱約見到，說不定那正是美水老師為鏡大人命名的靈感來源呢！

鷲宮神社中最知名且數量堪稱「聖地之最」的，就是境內兩處的「痛繪馬」了。圍繞在兩棵古木旁的痛繪馬，數量不是蓋的；一層又一層疊起、由動漫迷手繪的繪馬，張張都是各地粉絲朝聖的心血：有每拜必繪、供奉近百張作品的粉絲，有多人聯合、串連祈禱動畫二期上映的粉絲，也有結合不同作品共同創作的粉絲、使用自製超大繪馬的粉絲，更有著使用橫文字（西方各國語言）的粉絲……這兩面繪馬牆，承載了所有《幸運☆星》迷，乃至於全體動漫迷的祈願。

我的繪畫細胞跟《輕鬆百合》的千夏以及聲優「小林ゆう」等級差不多，終究還是沒勇氣提筆，只能拿起最熟悉的相機，一如往常地扮演著記錄者的角色。

「《如果杜拉》裡的二階正義也是這樣吧，既然沒有天分，就做好自己能做的！」我想。

拍下了這些美麗的作品後，已近傍晚時分。回到車站的路上，我發現了產經新聞在鷲宮的聯絡處，販售著全彩的「《幸運☆星》新聞」。由「產經運動新聞」發行的這份報紙裡記載的全是《幸運☆星》的消息，我花了一點小錢，帶走了這份有趣的紀念品。

由聲優一同揭幕的紀念石板，就在大西茶屋一隅。

「謝謝，鷲宮真的是一個什麼都

沒有的小鎮，您說對吧？」事務員邊找錢邊開玩笑地說。

「不。鷲宮給了我力量，以及感動。」

鷲宮神社
地址：埼玉縣久喜市鷲宮 1-6-1
時間：全日開放（諮詢服務時間：9：00 ～ 16：30）
網址：http://www.washinomiyajinja.or.jp
交通：搭東武鐵道至「鷲宮」站下車，徒步 10 分鐘即可到達。

染谷商店
地址：埼玉縣久喜市鷲宮中央 2-1-1
時間：6：00 ～ 19：00
交通：搭東武鐵道至「鷲宮」站下車。

大酉茶屋
地址：埼玉縣久喜市鷲宮 1-8-6
電話：0480-58-1577
時間：11：00 ～ 16：00（週二休）
費用：依據餐點不同，約在 250 ～ 800 日幣之間
網址：http://www.wasimiya.org/ootori/ootoritop3.htm
交通：搭東武鐵道至「鷲宮」站下車，徒步 10 分鐘即可到達。

京都

　　還記得《幸運☆星》劇中，小鏡被「偽告白」的京都修學旅行嗎？雖然說前往京都修學旅行的「學校」還不少，但讓動畫製作公司堂而皇之入戲的，還真是絕無僅見。既然劇中都出現了，那一定代表有官（ㄒㄧㄢˋ）商（ㄌㄧㄥˋ）勾（ㄓㄡ）結（ㄅㄧㄢˋ）嘛，豈能不「以朝聖之名、行購買之實」一下呢？

京都動畫
京 Fan 聖地

　　每次前往京都，我都會前往「京都動畫公司本社」，身為一個忠實的「京 Fan」，雖然不得其門而入，但光是在門口拍張照，看看貼在海報欄的作品海報，就讓我有著無限的滿足，我想此方也是一樣吧！

　　在《幸運☆星》中出現的「京都動畫公司本社」坐落於 JR「木幡」站斜對面、一棟三層樓高的鵝黃色建築內，隱身在嫻靜住宅區中的京都動畫公司本社，就如同劇中小鏡的感想：「意外的不起眼」。除了門口掛有小小的「Kyoto Animation」招牌以及海報欄外，很難想像這是一間在日本得過許多獎項且揚名海外的動畫公司。

　　往京阪鐵路的方向前進，看到京阪電鐵「木幡」站後跨越鐵道，左方一棟棕色建築的二樓，即是京都動畫公司的「第二 Studio」。跟本社相同，「第二 Studio」並沒有明顯招牌，但好找許多，因為它有附設全世界唯一的一家「KyoAni Shop」，也就是京都動畫公司官方的販賣部，所以只要跟著提著袋子的人群前進就對了（笑）。

　　販賣部與工作室相連，結帳櫃台後就是作畫空間，運氣好的話可以看到繪師現場創作，光這一點就值得「京 Fan」前往。也因為這樣，店內是不能拍照的，而這裡的周邊商品很多在市面上都難以

找到，像是販售動畫線稿等。

京都動畫的細膩作風也表現在它們的周邊商品上，比起各大連鎖動漫店或是娃娃機、一番賞的景品，「KyoAni Shop」的商品明顯精緻許多，不過價格也是相當的「精美」囉！如果是京 Fan 的話，想要在商店中「全身而退」絕對是很困難的，因為只要購物就能挑選自己喜歡的作品紙袋，為了紙袋而掏出現金的人絕對不少，我就是其中一個！

京都動畫公司販賣部（KyoAni Shop）：
地址：京都府宇治市木幡內畑町 34-11 ハイショップビル 2 階
時間：10:00 ～ 18:00
交通：可搭乘京阪電車宇治線至「木幡」站，或搭乘 JR 奈良線至「木幡」站下車步行前往。

巡禮攻略

💡 **行程安排：**

　　《幸運☆星》的聖地主要位於埼玉縣，若自東京出發，僅想遊覽「春日部」與「鷲宮」等兩大聖地，安排一日即可，由於離東京不遠，因此不需特別於周邊安排住宿。

　　若另外探訪分散於埼玉縣的其他景點，包括泉總次郎在片頭偷看女高中生的場景、此方於田埂中跳舞的場景、春日部物產館（美幸看牙的故事，劇中為糟日部物產館）、柊姊妹等待此方的大宮等，則以兩天時間較為充裕。想要前往位於京都宇治的京都動畫公司，需注意商店營業時間，且不得未經許可進入「Staff Only」區域，以免造成不必要的困擾。

　　「京都動畫第二 Studio」前的馬路車流量大，拍攝時需注意自身安全。此外，鷲宮商工會發行的《幸運☆星》紀念品種類繁多，

春日部站外大型的蠟筆小新看板

但多為限量品，前往朝聖前可先瀏覽商工會網頁，確認發行的紀念品時間、寄賣店家與庫存情況，以免向隅。

鷲宮商工會：http://www.wasimiya.org

🚗 交通：

　　「東武鐵道」是前往《幸運☆星》聖地的主要交通工具，若從東京市中心出發前往春日部，可搭乘 JR 至大宮站換乘；若前往鷲宮，則可搭乘 JR 至久喜站換乘，春日部與鷲宮間則可利用「東武伊勢崎」線移動。若自淺草、晴空塔（Tokyo Sky Tree）附近前往，則建議直接利用東武鐵道，省時省力又省錢。從春日部站前至「春日部共榮高校」，可搭乘往「かすかべ温泉」（Kasukabe Onsen）的公車前往，單程票價為 190 日幣。

東武鐵道：http://www.tobu.co.jp
公車時刻表：（表上任一班車，皆可抵達春日部共榮高校。）
http://www.asahibus.jp/html/time/kasu21.pdf

🏠 住宿：

　　《幸運☆星》主要的聖地位於東京都心的北方，若從都內出發，建議可投宿於「琦京線」、「京濱東北線」沿線鄰近站點，包括上野、秋葉原、東京、池袋等地，至大宮站約僅需 30 ～ 40 分鐘。若想要順道前往 SSA 看演唱會、參加活動，可以選擇大宮的旅館投宿，另外也可以投宿於東武鐵道的起點淺草周邊；除了車資較省外，旅館也普遍較廉價。京都住宿詳見《K-ON！輕音部》篇章介紹。

「三井 Outlet Park 多摩南大澤」在〈法之書〉一篇中以遊樂園姿態亮相，各方勢力在此大戰！

8

魔法禁書目錄系列
Otaku-Traveller
Lv1. 巡禮者

名稱：《魔法禁書目錄系列》
　　　（とある魔術の禁書目録）
外傳：《科學超電磁砲》
　　　（とある科学の超電磁砲）
播映時間：
日本：第一季 2008 年，第二季 2010 年，
　　　外傳 2009 年
台灣：2009 年開始由木棉花國際發行 DVD 版
製作公司：J.C.STAFF

「又是你啊，逼哩逼哩中學生」──上條當麻。

「不要叫我逼哩逼哩！」被暱稱為「砲姊」、「傲嬌皮卡丘」的御坂美琴對上條當麻說。

這部由擅長動態場面處理的「J.C.STAFF」製作之動畫，延續了鎌池和馬老師原著的超人氣，不僅兩季共四十八集的《魔法禁書目錄》造成轟動，以御坂美琴為主角的外傳《科學超電磁砲》更是受到台日兩地的動漫迷喜愛。

故事中的主要舞台「學園都市」為「東京西部的巨大獨立城市，相當於三分之一個東京都」，劇組也就因原著設定，以東京都西部武藏野市、立川市與多摩市等地為參考，從善如流地畫出了這個超越外部科技三十年的學園都市。

在新宿搭上 JR 中央線的電車，我從東京都心來到了現實中的學園都市多摩地區。說來奇怪，學園都市層層的檢查哨口咧？177 支部的風紀委員咧？……我四處張望，是不是因為現在是大霸星祭期間啊？

當麻與神烈火織決鬥的場景

東京

古稱「武藏國多摩郡」的東京都西郊，也就是現在泛稱的多摩地區，就是本作的主要參考地。這裡有著未來感十足的交通工具、規劃整齊的新市鎮、類似主題樂園的購物商場，更有著許多學校或大型設施，做為學園都市的範本是再適合也不過了。雖然現實裡的科技感沒有如故事中強烈，被妹妹們拿來擾亂蘿莉控一方通行的風力發電機更不像路燈般插在市內各處；美琴踢販賣機後警衛機器人會出現的公園也被證實是虛構，但仔細想一想，這個故事主要是架空在一個科學掛帥且超越現實科技的世界，劇組還能找到現實場景繪入，其實真的該給他們掌聲。（啪啪啪啪啪～）對了，御坂妹如果做得出來的話，我要三個，謝謝啦！

立川

恥力滿點巡禮去

從新宿出發，半個小時就能抵達的立川市是我的《魔法禁書目錄》系列巡禮起點。穿過人潮洶湧的車站大廳與共構商場，來到了站北的行人徒步區，這個兩層樓高的超大型迴廊就像台北信義區的人行天橋一般，連結了眾多百貨商城及商辦設施，因此就算是平日的午後，也依然人聲鼎沸。

我走在迴廊上，頓時困窘了起來，因為有看過《魔法禁書目錄》系列的人到現場一定會發現，劇中眾多重要場景都在前迴廊發生，例如從車站大門向左走，不用一百步，雨棚旁有著高架電車為背景的地方，就是本傳第一集裡美琴被右手哥當麻叫「逼哩逼哩國中生」後頓時發火的地點，更是《科學超電磁砲》OVA 版中四位好姊妹一起和蛙太布偶合照的地方；同一個地點向後轉、蹲下來、頭往右擺 45 度，就能找到當麻在二季片頭曲中露出背影的一幕；附有壓克力屋頂的中央走道則曾出現在第二季第二集等地方；通過

155

OVA版裡眾人與蛙太合照的地方

第二季片頭曲一景

了中央走道，「三井住友信託銀行」前的樓梯下方，就是當麻與神烈火織決鬥的場所。

面對這樣「大豐收」的場面，不間斷的熙攘人群成為拍照最大的阻礙，我不僅得抓準時機趁著人潮空檔拍攝，還得面對陌生人投來的眼光，說不難為情絕對是騙人的。不過，身為滿腔熱血的阿宅，「恥力技能」不點滿怎麼行呢？我發揮「等待」與「無視」的技能，花了近四十分鐘，總算脫離了「站前迴廊」的副本。

離開站前迴廊，通過伊勢丹百貨側面的窄小通道，我來到了高島屋前的迴廊，拿起相機，繼續獨自一人跟《科學超電磁砲》中黑子與美琴跟蹤舍監的一幕奮戰，直到恥力耗盡為止。

穿過一棟棟大樓與人群來到立川站南出口，迴廊末端的無人地帶是我接下來的目標。貫穿學園都市、帶有未來感的單軌列車屢屢出現在劇中，令人印象深刻，縱貫多摩地區的多摩單軌電車（多摩モノレール）就是其參考對象，除了車身顏色不同外，其他的部分都是相似的，我在這裡拍下了《科學超電磁砲》劇終前電車出現的一景後，從多摩單軌電車的「立川南」站搭上了列車，前往下個聖地。

單軌電車穿梭在多摩丘陵間，路線時而高聳入雲，時而貼著山壁而行，快到終點時的一站讓我突然迸出驚喜，那就是岩崎夏海老

師的暢銷作《如果杜拉》的影射地：「程久保」（順道一提，故事中的「程久保高中」並不存在）就在這條電車路線上！我透過車窗，簡單地用眼睛「巡禮」了這個意外的驚喜後，列車轉了幾個彎，通過隧道，四間建築在丘陵上的大學校園映入眼簾，依山而建、帶有現代感的大學校園搭配單軌列車的畫面，雖然沒有出現在劇中，但我想真正的「學園都市」，大概就是如此吧！

交通：若自東京市區前往，可搭乘 JR 中央線至「立川」站下車；若自多摩中心前往，則可搭乘多摩單軌電車至「立川北」或「立川南」站下車。

黑子與美琴跟蹤舍監的畫面

站南的角落可以拍到外傳中列車通過的畫面

157

多摩

「真 ・ 學園都市」

　　通過了大學校園，地勢漸漸地平緩起來，列車在超高的樑柱與規劃好的道路上方行駛，待看到遠方小山坡上一片大型建物時，就代表終點站「多摩中心」（多摩センター）站到囉！

　　「多摩中心」因「多摩New Town」計畫而開發，因此眼見所及之處皆是規劃完整的市街，在東京市區少見的大而方正街廓、幾十米寬馬路、比立川更大的人行迴廊、一棟棟經過規劃的商場以及住宅，再加上有特色的單軌電車⋯⋯十足的「學園都市」風情，而這裡也就是《魔法禁書目錄》系列中，劇組採用最多的地方。

　　我走入在我心中已立下滿分的「學園都市」後，第一個目標就是車站前有著圓弧型挑高屋頂的「朝日生命大樓」了。這棟車站前的商業辦公大樓曾多次在劇中出現，例如外傳《科學超電磁砲》片頭曲中，初春飾利的特寫即是取景於二樓露台上；一樓的小廣場前，就是第一集裡黑子對美琴「黑子」（動詞）了以後，四位主角首次同台的地方。在本傳中，茵蒂克絲撿到棄貓斯芬克斯的場景也在大樓前的人行道上，仔細對照可以發現，一樓牙科外牆的玻璃飾帶與劇中有幾分神似，劇組還原現場的功力，實在不容小覷。

　　拍下了幾個朝日生命大樓前的場景後，利用史提爾與當麻也走過的樓梯，我從多摩郵局這一頭來到了多摩中心的「丘之上」地

區，橫跨「東京都道156號」線的陸橋是不能錯過的重點聖地。本傳第一季打入三澤塾前當麻無奈地與史提爾吐露自己失憶的心聲、第二季片頭曲末茵蒂克絲拿著一大包食物等場景，皆是發生在這座跨

朝日生命大樓前，佐天與初春一起出現的畫面被完整再現。

線天橋。遠方的風景除了沒有風力發電機外，幾乎與劇中相同，令我不得不佩服劇組在現實生活中找尋接近未來場景的功力。

　　從事「聖地巡禮」最有趣的，除了可以身歷動畫場景外，尋找場景的過程當然也是樂趣所在，而若「一個聖地各自表述」的話，那可就更有趣了。「全家便利商店多摩中心站南店」（ファミリマート多摩センター駅南店）就是個特別的例子，在《科學超電磁砲》中，當麻與脫衣女「木山春生」撞見的場景在一間便利商店旁邊，大部分的巡禮者都認為，那間便利商店影射的就是這間位於丘之上的全家便利商店。但也有人認為，實際上影射的商店存在於武藏野市內，雙方各提出照片佐證，看似不無道理，先到多摩中心的我決定不隨便壓寶，先照著劇中的角度拍下，等到了武藏野再解開謎團囉！

　　繼續漫步在丘之上的徒步區，人車分道的丘之上商圈採取完全的人車分流，走在商店街中，除了沒有車輛的蹤跡外，更是一點廢氣都沒有；依山而建的建築沒有壓迫感，還有著規劃完善的展望空間，是個適合散步及欣賞夜景的好地方，實在不得不佩服日本都市規劃的用心。三越百貨公司正門口的一張長凳則是我鎖定的目標，外傳裡佐天淚子與初春飾利常常「約會」，這張長凳就是她們常坐的那一張。

　　在丘之上徒步區攻略了許多故事中的影像後，我來到了縱貫整個徒步區的道路「帕德嫩大道」。這條大道一邊連結著車站、一邊連接著被稱作「帕德嫩多摩」（パルテノン多摩）的多摩中央公園與藝文展示中心，是丘之上商圈相當重要的徒步道。種島白楊……不，是與種島學姊一樣「有料」且聲優同為阿澄佳奈的風斬冰華，在第

159

二季十八集時被警備員攔下的場景，就在「帕德嫩多摩」前。

　　從大道往山坡下走去，私鐵「小田急電鐵」多摩中心站前的多摩中心公車轉運站曾出現在故事中，單軌電車與京王、小田急兩大私鐵線路的下方，則是故事開頭中美琴被混混「纏上」、上條當麻「搭救」的家庭餐廳「Jonathan's」（故事中為「JonaGarden」）。拍下了這對歡喜冤家結識的風水寶地後，我搭著京王電車稍微「離開學園都市」，距離多摩中央兩站距離的「三井 Outlet Park 多摩南大澤」（三井アウトレットパーク多摩南大沢）是我在多摩最後的巡禮地，在〈法之書〉一篇中，眾人在學園都市外展開戰鬥的遊樂園，即是以此做為參考。

　　入夜後的 Outlet 在燈光襯托下甚是美麗，巡禮一整天的我早已沒有力氣逛街，不過，想到在學園都市裡走了一天，仍是有著滿滿的成就感。咦，武藏野跟川崎兩大聖地還沒去？這樣好像才一半多一點而已，不幸啊！（當麻語氣）

交通：自立川前往，可搭乘多摩單軌電車；自東京市區前往，則可搭乘京王或小田急電鐵，三者的「多摩中心」（多摩センター）站鄰近。

三井 Outlet Park 多摩南大澤
地址：東京都八王子市南大沢 1-600　　**電話**：042-670-5777
時間：10：00 ～ 21：00　　　　　　　**網址**：http://www.31op.com/tama
交通：搭京王鐵道至「南大澤」站下車即抵達。

帕德嫩多摩，風斬冰華就在這被攔下。

上：《科學超電磁砲》片頭裡初春特寫的背景　中：佐天與初春「約會」的板凳就在丘之上三越前　下：橫跨都道 156 號的陸橋，View 非常好。

武藏野

「法之書」與「大霸星祭」

多摩地區巡禮的隔日，我來到了武藏野。

從「J.C.Staff」公司所在地「武藏境」站下車，我決定以順時針繞行的方式進行巡禮。從車站北口出發向西行，「J.C.Staff」就隱身在右手邊的建築物中，由於是商辦大樓，我並沒有多做停留，反而加緊腳步，走到了兩個街區外的 7-11，也就是「爭議聖地」另一方所提出的地點。

到底參考的是全家還是 7-11 呢？回去重看一遍就知道囉！

我在相同的位置拍下了照片，仔細比對整段的故事後得出了解答，果然，跟我所料想的一樣，那就是在《我的朋友很少》聖地——高崎所出現的「陷阱」在這邊也出現了。

兩方都沒錯，但兩方也都錯了，這就是疑問的解答。很失望嗎？不，自己找出劇組埋下的「眉角」，可是超有趣的呢！

一路向北行，見到了「都道 7 號」線後，向右直行約五分鐘，就來到了位於武藏野大學、女中門口的五岔路口，在天橋下、校門旁的公車亭就是〈法之書〉一章中奧索拉與當麻相遇的地點。我小心地遵守著聖地巡禮攝影須知，拍下這個公車亭。

武藏野市公所對面的 GreenPark 綠地（グリーンパーク綠地）是我的下一個目標。在「大霸星祭」期間，當麻與姬神秋沙相遇，而她被歐利安娜襲擊的地點就是這座小公園。不用說，離公園不用三十步腳程的綜合體育館、田徑場當然也曾經在動畫中露臉，體育館前的大樓梯出現在本傳第二季的片頭——吹寄制理特寫的一幕裡，走上台階後，通過了長廊，放眼望去的大型田徑場就是大霸星祭中常出現的比賽場地，當麻跟土御門弄髒身體要闖入的會場大門可是如出一轍呢！

　　走回體育館，面對大階梯的左手邊即是劇中御坂家和上條家一起用餐的餐廳「Café de Clea」，由於餐點偏中高價位，餐廳內的配置與動畫中也有落差，我僅拍下了門口的一景後，就轉往附近的市民文化會館。

　　離體育園區僅有五分鐘腳程左右的「武藏野市文化會館」來頭也不小，〈法之書〉一篇中，「劇場薄明座」以此為範本。雖然除了建物外，外圍的景觀都與動畫中不同，但光就建物來說，還是有

劇中被稱為「劇場薄明座」的文化會館

上：大霸星祭使用的體育場原型　下：御坂與上條家「相見歡」的餐廳「Café de Clea」

上：奧索拉迷路的公車站　中：片頭曲中吹寄制理特寫的背景　下：當麻與姬神秋沙碰面的小公園「Green Park 綠地」

系列中的購物畫面多半出自於東急百貨武藏野分店

幾分神似，我也就在可能的範圍內儘可能地將這棟四平八穩的建築給收納在記憶卡中。

武藏野的最後巡禮來到了吉祥寺的站前商店街，順時針繞了武藏野一圈的我，又回到中央線上啦！華燈初上的商店街吸引著男女老幼前來血拚，但我的目標則是位於幹道旁的「東急百貨」。《魔法禁書目錄》系列不分本外傳，有關百貨的場景幾乎都以這間位於吉祥寺站前的大樓為範本。

拖著疲累身心的我，在這間大樓按下了最後一張「武藏野巡禮」照片的快門。

7-11 武藏野境 2 丁目店
地址：東京都武藏野市境 2-17-12
交通：搭 JR 中央線至「武藏境」站下車，徒步 3 分鐘即可到達。

武藏野綜合體育館
地址：東京都武藏野市吉祥寺北町 5-11-20
時間：09：00 ～ 09：30（每月 15 日及 12/29 ～ 1/3 不開放）
網址：http://www.city.musashino.lg.jp/shisetsu_annai/shisetsu_bunka/000954.html
交通：自 JR 吉祥寺站前搭乘「吉 54」路，或自 JR 三鷹站搭乘「鷹 40」路公車至「武藏野市役所前」站下車。

武藏野市民文化会館
地址：東京都武藏野市中町 3-9-11
網址：http://www.city.musashino.lg.jp/shisetsu_annai/shisetsu_bunka/000942.html
交通：自 JR 吉祥寺站前搭乘「吉 50」、「吉 54」路公車，至「市民文化会館前」站下車。

神奈川

學園都市「建立」於東京西郊，所以劇組以東京都西部的多摩地區為主要取景地，但是若單純以「東京以西」來看的話，神奈川縣當然也符合定義囉！除了橫濱市內有零星的景點外，最集中的地方就是川崎車站前的地下商店街了。離東京不遠且位於地下樓，不用擔心晴雨日夜的問題，是川崎地下街這個「聖地」的最大優勢囉！

川崎

御坂、御坂妹、御坂御坂

回想起地下街的片段，很多人大概跟我一樣，只記得御坂辦手機、御坂妹吃雞蛋糕小雞，以及御坂御坂戴著目視鏡，而遺忘了茵蒂克絲跟冰斬風華在地下街中大展身手的劇情吧。取名為「川崎Azalea」（川崎アゼリア）的商店街在 JR 川崎站與京急川崎站間的公車總站下方，是日本第三大地下商店街，也是這些劇情的現實舞台。

從吉祥寺站出發，我換了幾次車總算到達京急川崎站，以連通口為起點，我決定逆時針探訪這個田字型的熱鬧地下街。地下街的「市公所道」（市役所ロード）是第一個目標，美琴與當麻一起辦情侶手機、為了拍「情侶照」而鬧笑話的片段即以此為藍本；而從市公所道轉個彎，繞過了森林道（フォレストウォーク）後，天空道（スカイウォーク）就在眼前，路中的午茶專賣店「The NINA'S Paris」就是故事中當麻買雞蛋糕給 10032 號的地方，御坂妹生氣的說道：「就算只是實驗品，我也要保護這些小雞的性命！」就發生在賣店前的一隅；近在咫尺的新川道（新川ロード），則是御坂御坂跟蘿莉控一方通行對手戲參考的場景。

地下街的一草一木都與動畫中有幾分神似，因此我沒花太多時間便擊破，或許比一方通行打倒妹妹們還快些。拖著一日疲憊的身

167

左：「The NINA'S Paris」就是劇中賣雞蛋糕的地方　右：地下街的「新川道」也曾在劇中出現

左：美琴與當麻一起辦手機的場景，手機行的位置實際上是服飾店。　右：一方通行走入地下街的出入口

心，我準備前往一間頗具盛名的餐館用餐。

　　巡禮雖然有趣，但總是需要耗費許多精力，因此泡澡跟吃頓豐盛的晚餐是我慰勞自己的方法。

　　帶著滿足又愉快的心情，我來到餐館門口。

　　「本日營業時間終了。」當麻從威尼斯被送回學園都市的一幕，此時，我可以完全體會了……

　　不幸啊～～～～～

川崎 Azalea
時間：10：00 ～ 22：00
網址：http:// http://www.azalea.co.jp
交通：搭 JR 或京急電鐵至「川崎」站下車。

巡禮攻略

行程安排：

　　《魔法禁書目錄系列》的場景主要集中於東京西郊的立川、多摩、武藏野三地，若僅想體驗動畫中的氛圍，建議花半天到一天的時間前往多摩中心即可；若要較完整巡禮系列作品中的場景，則以兩天以上為宜。除了劇中提到的地方外，橫濱市內的「港未來21」地區、多摩電鐵「玉川上水」站等地也有少量場景分佈。

　　遊日期間若有意前往「藤子不二雄博物館」參觀的話，建議可至博物館鄰近的「向丘遊園」（向ヶ丘遊園）站旁「Jonathan's」餐廳用餐，該店即為《科學超電磁砲》中主角四人用餐的地點。

交通：

　　立川、多摩與武藏野皆位於東京市郊，與市內均有鐵路相連接，由於沒有好用的一日券，建議使用「Suica」付費即可。若自市內前往立川或武藏野，建議可搭乘 JR 中央線前往，新宿站至立川需 30 分鐘、450 日幣車資，至吉祥寺需 15 分鐘、210 日幣。

　　武藏野市內景點分散，建議可搭乘公車前往，市內公車票價均一為 210 日幣。多摩中心則建議自新宿站搭乘京王或小田急線抵達，票價約在 350 日幣上下，40 分鐘左右車程。立川與多摩的縱向連接可利用多摩單軌電車，票價為 400 日幣，車程約 30 分鐘。前往川崎則可利用 JR 或京急線，端看出發地點而定。

武藏野市內公車地圖：http://www.kanto-bus.co.jp/guide/pdf/all_route.pdf

住宿：

　　請參考《我的朋友很少》內文。

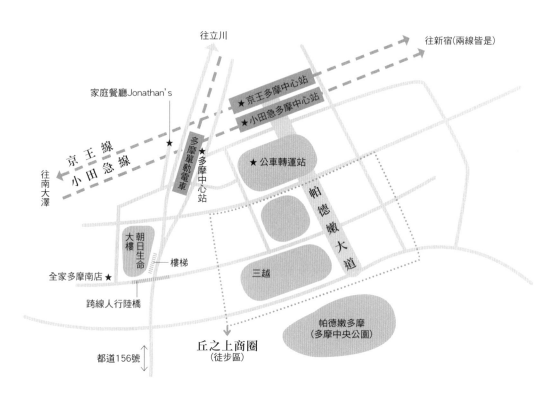

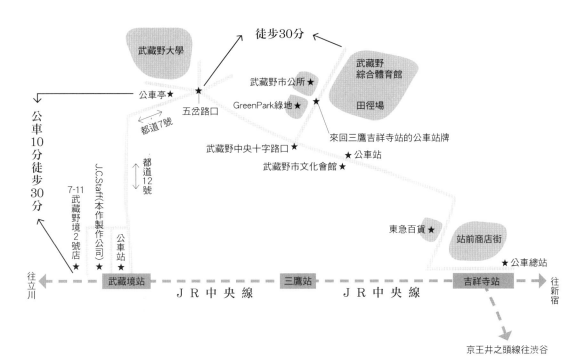

徒步30分

武藏野大學

武藏野
綜合體育館

公車亭★

五岔路口

武藏野市公所★

GreenPark綠地★

田徑場

都道7號

來回三鷹吉祥寺站的公車站牌

武藏野中央十字路口★

★公車站

武藏野市文化會館★

都道12號

公車10分徒步30分

J.C.Staff(本作製作公司)

東急百貨★

站前商店街

7-11武藏野境2號店★

公車站★

★公車總站

往立川

武藏境站

J R 中 央 線

三鷹站

J R 中 央 線

吉祥寺站

往新宿

京王井之頭線往渋谷

171

9

我們仍未知道那天所看見的花的名字。

山中的小小幸福

名稱：《我們仍未知道那天所看見的花的名字。》
　　　（あの日見た花の名前を僕達はまだ知らない。）
　　　（台灣坊間簡稱：《未聞花名》）
播映時間：
日本：2011 年
製作公司：A-1 Pictures

「對仁太的喜歡是，想成爲仁太新娘子的那種喜歡。」──本間芽衣子。

　　說實在的，我是個膽小的人，也是個很容易融入劇情的人。這裡的膽小並不是指對魑魅鬼魅的害怕，而是指對悲劇的膽怯。我曾經對著《Clannad》裡小渚以及小汐斷氣的戲放聲大哭，然後被麻枝大魔王的大團圓戲碼弄得破涕而笑；《Angel Beats》裡天使消失前的那句「謝謝你喜歡我、謝謝你給了我生命」，也讓我難過了好久；而《魔法少女小圓》不用說，更是哭得唏哩嘩啦。

　　因為淚腺的發達，所以很多悲劇、生離死別的作品我經常是不忍看的，當初看到《未聞花名》的簡介時，本來也讓我打算將它列

山光水色的秩父地區

入「棄追」的作品，但因為見到多位日本網友對於故事的好評，以及它有著與《花開物語》並稱「置入性行銷地方產業（也就是「製造聖地」）的『兩朵花』」之封號，最終我還是一把鼻涕一把眼淚地看完這部融合友情、親情的催淚作品。

　　在完成《花開物語》巡禮後的兩週，我來到了2011年另一朵花的「原產地」──秩父，踏上尋找「超平和 Busters」足跡的旅程。

秩父

因為「鄰近東京，但需數小時車程，使人產生對都會的微妙距離感及憧憬，四周環山的地形讓年輕人覺得有閉塞感與壓迫感」等特性，而被導演長井龍雪選為《未聞花名》舞台的埼玉縣秩父市，是個因行政區劃屬於首都圈，但實際上自成一體，有著自己的方言、飲食文化的小山城。

搭乘從池袋出發的西武鐵道最快也需要 1.5 小時，來回車錢「噴掉」3000 日幣的我，為的就是一睹這據說「置入性」不亞於《花開物語》的聖地，前者用大型帆布看板做出了主要場景喜翠莊，而秩父的「超平和 Busters 秘密基地」會是個怎麼樣的地方呢？

秩父橋
走進《未聞花名》的世界

搭了近兩小時電車，在終點的「西武秩父」站下車。從門戶的西武秩父站向外望去，沒有什麼高樓大廈，有的僅是山光水色。

我看了看站外公車亭的時刻表，果不其然，班次少得可憐，我沒辦法多加思考《未聞花名》的巡禮該怎麼 run 會比較順暢或愉快，只能以且戰且走的方式因應。

跳上了最近發車的一班往市郊的公車，慢慢欣賞著窗外風景，不一會兒就來到了重點場景：秩父橋。

橫跨荒川兩岸的第三代秩父橋，擔負著秩父市區往來市郊快速道路的重責大任，一旁有著花圃、鋪上地磚的人行橋則是 1930 年興建完成的第二代橋。《未聞花名》中令人印象最深刻的，就是不僅在戲裡曾多次出現，就連宣傳海報、影音商品封面也拿來使用的舊橋望新橋畫面。

走上二代橋，我找到了與海報中相同的角度，按下快門的同時，也宣告了這趟《未聞花名》巡禮開張大吉。

新舊橋並立，或者是在橋上發生的劇情不僅一例，片頭曲中麵麻看著幼時「超平和 Busters」跑跳的一幕、第三集仁太「上學」的一幕等，都能見到這兩座橋的存在。

拍完了這些場景後，趁著公車到站前的空檔，我學著麵麻在橋上吹吹風，藍天沒有一絲灰曚，腳下的荒川滔水清澈見底，遠山碧綠、近樹隨著涼風自然擺動，兩座橋樑又各自有特色，四周無一不是如詩如畫的場景，淒美動人的故事總是發生在美麗的地方，好像有這麼一點道理存在。

拍下了橋頭畫有麵麻的「麵麻有練過，別學著麵麻站在扶手上！」警語後，我搭上公車，前往另一個名場景：定林寺。

交通：搭乘秩父市巴士「秩父吉田」、「小鹿野」線，至「秩父橋」站下車。

橋上畫有麵麻的警告標示

宣傳海報的取景角度

定林寺

彩色塗鴉痛繪馬

　　封秩父是「巡禮之城」，我想應該是無庸置疑的。在「《未聞花名》巡禮」還沒出現之前，身為日本三大觀音靈場之一的秩父，即有著觀音靈場巡禮文化：「札所巡禮」，這已持續了近八百年的宗教巡禮活動，串連了秩父地區三十四座觀音靈場，而百公里的祈願旅程，每年皆吸引著成千上萬的信徒前往。

　　《未聞花名》主要聖地之一的「實正山定林寺」，即是其中的第十七番（第十七號靈場）。

　　位在一片住宅區中的定林寺並沒有公車可以直達門口，我搭到最近的站牌後，沿著小徑步行前往，首先看到的不是定林寺本身，而是第九集時雪集向安鳴（Anaru）告白的地方。這個公園不似公園、綠地不似綠地的地方，隔著涵洞與旁邊的另一片綠地相連；透過涵洞的掩護，鶴子得以偷聽雪集對安鳴的告白，劇組勘景的細心、劇本撰寫與分鏡使用的細膩，由此可見一斑。

定林寺在劇中出現的畫面，眾人常在板凳上打屁。

拍完了這幾個場景後，我沿著小徑繼續前進，來到了定林寺。這間建於 15 世紀的廟宇十分迷你，古樸的雕刻、原木色的樑柱，陽光從樹梢縫隙灑落，是個能讓人氣定神閒的好地方。

官方製作的「痛繪馬」

「超平和Busters」的成員們小時候即在寺廟中跑跳，長大後也多次以此做為集合地點，或許也是看上這裡的恬靜氣氛吧。

我坐在片頭中安鳴等人坐過的長凳上，回頭一望，就發現了動漫聖地名產：「痛繪馬」。動漫聖地中出現痛繪馬對我來說再熟悉也不過，不過越看越讓我覺得奇怪，牆上掛的痛繪馬中，有許多彩色塗鴉長得一模一樣，就算是同一人繪製也不太可能吧？

我靠近定睛一看，不看則已，一看差點驚呼出聲！原來那「彩色塗鴉」是定林寺所販售的繪馬印刷面！以「超平和 Busters」女性角色做成的三款繪馬在寺廟裡販售著，常態性地發售「痛繪馬」還是我第一次見到，不禁令人嘖嘖稱奇，也不得不佩服「聖地商法」的威力實在了得。

實正山定林寺
地址：埼玉県秩父市桜木町 21-3
時間：8：00 ～ 17：00
交通：搭乘秩父市巴士「秩父吉田」、「小鹿野」、「原谷」線，至「札所十七番入口」或「西小學校前」站下車。

秩父市區
搾乾荷包吸乾血?!

　　由於公車班次稀少，我選擇以徒步代替搭車的方式回到市區，不僅省下等車時間，也可順便將沿路的景點一網打盡。

　　自定林寺出發後，沿著縱貫市區的國道299號一路南行，約十分鐘就來到了市內的宮側町，也就是秩父市內唯一的鬧區，故事中的街景幾乎都是以此做為範本。雖說如此，但街景並沒有得到我太大的關愛，因為戲分最重的漢堡店與現實中相似度並不高，讓我有些意興闌珊。

　　鬧區真正吸引我的目光的，是劇中沒有出現，但誰看了都會驚呼連連的小東西，那就是舉頭三尺——有旗幟！在商店街掛上小旗幟攬客的做法在《幸運☆星》的聖地鷲宮也曾看到；不同的是，《幸運☆星》的旗幟懸掛在一條車流量不高的馬路上，但通過秩父市區的國道299號可是一條車水

掛滿商店街的《未聞花名》旗幟

上：秩父站旁的小徑，完成度十分驚人！ 下：秩父神社前獨家的「神社版痛販賣機」

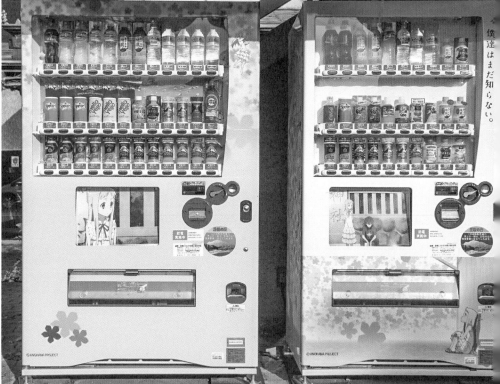

馬龍的重要幹道，每天成千上萬個用路人通過時都會見到這則「廣告」，如果不是動漫迷的話，或許會覺得這是個很「宅」的城市吧？

「聖地商法」的「初級班」當然就是用「聖地」作號召，大賺阿宅觀光財；進階一點的，也不過就是拿出聖地限量精品來吸引人掏出荷包。結合「聖地商法」與「置入性行銷」的《未聞花名》，讓僅使用前兩種手段經營的聖地相形失色，為什麼呢？簡單來說，劇中的一草一木一花一樹都可以在秩父市街找到！無論是安鳴喝的水，種花用的牛奶玻璃瓶，或是麵麻做的蛋糕都可以（也僅能）在秩父市街買到，貼著動畫海報的商店同時也貼著「我們在《未聞花名》哪一幕有出現／店內有販售《未聞花名》的○○」，這樣「高水準」的推銷手法，令我嘖嘖稱奇。

仁太坐著等待雪集出現的地方就在神社社名碑前

離開了幹道，我沿著秩父鐵道「秩父」站旁的小路前往秩父神社，這條與鐵路平行的小徑，就是第一集麵麻突然摔落、仁太搭救未成的場景，跟秩父橋相同，故事中麵麻「漫步」的鐵道圍籬也掛上了「不要學麵麻」的警語。

　　秩父神社，也就是雪集慢跑的場景就在警語看板的不遠處，跟定林寺相同，神社內一樣有著「痛繪馬」，不過遺憾的是，神社並沒有與劇組合作，印刷面依然是該神社的圖騰。順道一提的是，秩父神社的繪馬精美到吸引了「雅賊」，2012 年初曾發生了大量的偷竊事件，當時還在網路上掀起一陣風暴呢！

　　比起神社本身，對街的兩個「景點」，我反倒覺得更有看頭。面對神社的左方是個名為「妙見之森」（妙見の森）的小公園，雖然沒有在作品中登場，但入口處常態展示的《未聞花名》燈飾可是有個號稱「等身大」的麵麻呢！公園的對面則是和果子老店「八幡屋本舖」，店門口的兩台販賣機都「痛」上了《未聞花名》的圖案，平常放飲料廣告的地方趴著麵麻，機身也印有「超平和 Busters」成員圖案的販賣機，就這樣擺在百年老店的門口，很突兀嗎？我寧願稱之為「順應潮流」！

秩父神社
地址：埼玉県秩父市番場町 1-3
電話：0494-22-0262
網址：http://www.chichibu-jinja.or.jp
交通：搭乘秩父市巴士「原谷」線至「秩父神社前」下車，或可由「西武秩父」站徒步10 分鐘前往。

上：在秩父隨處可見的「置入性行銷」商品　下：到處都可以看到《未聞花名》的文宣

「妙見之森」裡等身大的麵麻

秩父美食

野さか

　　來到群山環繞的小城秩父，自然不能錯過「野味」囉！將獵到的山豬肉用味噌醃製，再放上炭火燻烤，這就是秩父的古早味──味噌豬肉丼。位於國道旁的「野さか」是這道令人垂涎三尺的鄉土料理專賣店，雖然店家並非使用傳統的山豬肉來料理，但做法傳承古味，在豬肉軟嫩入味，加上炭火與味噌的完美搭配下，每到中午用餐時段總是吸引滿滿人潮，許多騎著重機遠行的騎士都會特地來這裡補充元氣呢！

野さか
地址：埼玉県秩父市野坂町 1 丁目 13-11
電話：0494-22-0322
時間：11：00 ～ 15：00（六日、例假日為 11：30 ～ 15：30），味噌豬肉丼售罄時會提早休息。
費用：味噌豬肉丼 850 日幣
網址：http://www.butamisodon.jp/butamiso
交通：自「西武秩父」站徒步 3 分鐘

秘密基地

這不是秘密基地嗎？完成度好高啊

　　離開了神社與商店街，沿著秩父鐵道秩父站前的縣道 208 號，朝西前進，見到「市立病院入口」的紅綠燈後右轉後，總算來到了市區巡禮的最後一站：一間名叫「豆醬家的駄菓子屋」（まめちゃん家の駄菓子屋）的小店。

　　不存在於現實的虛擬場景「完整具像化」通常需要大量的人力物力，以及足夠的粉絲，才有可能由官方完整「重現」。有機會被官方重現的動畫往往都是國民番（長青動畫），例如位於東京的朝

駄菓子屋外觀，不用擔心找不到。

劇中「秘密基地」裡的雕刻，到現場來找看吧！

秘密基地內部，完成度接近百分百！

188

日電視台就完整打造了《哆啦A夢》大雄的房間，近幾年夏天在台場舉辦的「台場合眾國」活動也打造了《航海王》裡面的船艦。

　　「豆醬家的駄菓子屋」其實並未出現在《未聞花名》劇中，但與《K-ON！輕音部》中的「社團教室」一樣，在老闆與當地熱心人士的努力下，這家小雜貨店也利用閒置空間打造出了一個活生生的「秘密基地」。不論是鐵皮與木造的結構，還是波波的地圖、床單、沙發，甚至是桌上的茶杯等……都被完整「重現」了！最誇張的是，門口還停了一輛波波送報紙的摩托車哩！基地內最醒目的裝潢——刻在屋內樑柱上的「超平和Busters」字樣，當然也被依照劇中的模樣復刻出來。要說「完成度」的話，《銀魂》裡阿銀與神樂一起堆出的「新阿姆斯特朗炫風噴射阿姆斯特朗砲」，可能都還略遜一籌呢！如同前往「輕音部社團教室」般，我坐在波波鋪好的床上，沉浸在這個具像化的空間中。

　　「麵麻，你在吧？對吧！」我忍不住學著波波說道。

まめちゃん家の駄菓子屋
地址：埼玉県秩父市道生町23-11
電話：0494-22-4422
費用：免費
網址：http://mamehimitu.blog.fc2.com/
交通：可搭秩父市巴士「秩父吉田」線於「市立病院」下車，步行前往。

吉田地區

未聞花名

花了將近四十分鐘的車程，我來到了秩父市郊的吉田地區，也就是故事終末時的煙火發射地。真實的吉田地區在每年的十月都會舉行「龍勢祭」，使用傳統高台發射煙火是這個祭典的特色，劇中當然也完整刻劃了製造與發射過程。

從市區搭公車前往的我，在離發射場最近的「龍勢會館」站下車，同時也是休息站的龍勢會館也有小型的《未聞花名》展覽，除此之外，當然還有「痛販賣機」，順應劇情，這邊放的圖可是龍勢升空後眾人仰望的畫面呢。

沿著山路走了十分鐘，我來到了椋神社，跟《Clannad》裡藤林妹妹同名的神社也曾在劇中出現，在「龍勢祭」期間，這邊是很好的觀賞場所。神社雖然不大，而且地處偏遠，但身為聖地之一的椋神社一樣有著「痛繪馬」，甚至還有寫在宣紙上的「痛書法」呢！

跨過馬路，椋神社對面的露營場就是龍勢的發射場地了。我前往之時正好在做祭典的前置作業，許多熟練的達人正在辛勤工作著，雖然有幸看到這番景象，但劇中的場景也成了管制區無法進入，我只能儘可能地在可及的範圍內靠近龍勢高台，並用長鏡頭拍下劇中出現的景象。

象徵安鳴的波斯菊，在這片大地上，隨處綻放著。

交通：搭秩父市巴士「秩父吉田」線於「龍勢會館」站下車，沿一旁的山路徒步約10～15分鐘可抵達龍勢發射場。

吉田地區一樣有痛販賣機，這邊的插圖當然就是龍勢囉！

安鳴的代表花「波斯菊」與龍勢發射台

192

巡禮攻略

💡 行程安排：

《未聞花名》的場景幾乎全於秩父市內，若僅打算走馬看花或瀏覽重點場景（例如定山寺、秩父橋等），建議安排一天行程即可。若欲深入探訪各個場景，並前往劇中煙火發射地龍勢會館附近的話，或許安排兩天以上，才不會走馬看花。

秩父本身擁有許多自然或人文資源，因此建議可依自身喜好，在巡禮之外排入其他特色景點，讓秩父行更為豐富喔！每年十月的第二個週日為「龍勢祭」，若想體會故事中如太空梭發射般的傳統煙火秀，記得得提早前往卡位，否則每年可都是人滿為患呢！

秩父觀光Navi（可點選右上方之「中文（繁體字）」）：
http://navi.city.chichibu.lg.jp/index.html

🚗 交通：

連結東京市區與秩父的「西武鐵道」推出了「秩父漫遊券」（秩父漫遊きっぷ），在市區內各西武鐵道車站均有販售，自池袋及新宿出發皆需1820日幣，可於兩日內來回起站至「西武秩父」站一趟，並可在「無限搭乘秩父地區公車、租車優惠、折抵西武秩父站商店街消費620日幣」三樣優惠中擇一使用。

若欲前往吉田地區，建議使用「無限搭乘公車」方案，因來回龍勢會館車資就需要1000日幣，十分划算！秩父漫遊券在購票後會有兩張票券，一張為西武鐵道的來回票，另一即為「三選一」券，若決定使用公車優惠，只要首次搭乘公車時跟司機兌換正式搭乘券即可。

西武鐵道另有推出「秩父自由乘車券」（秩父フリーきっぷ），

該券僅能來回西武秩父與無限搭乘「秩父鐵道」，對聖地巡禮來說並不好用，價格也較貴些，記得別買錯囉！另外需注意的是，此兩張優惠票券皆不能搭乘西武鐵道的特急列車，若搭乘需另補特急費620日幣（來回池袋、新宿）。

在秩父可以公車代步，班次雖不多但十分準時；或者可選擇租腳踏車遊逛也是不錯的辦法。腳踏車可於車站前的「秩父觀光情報館」租借，最簡單的三段變速車100日幣／小時。市區起伏不大，步行或騎腳踏車均不費力。

秩父漫遊券：
http://www.seibu-group.co.jp/railways/railway/ticket-info/otoku/chichibu-manyu-kippu.html

秩父觀光情報館（腳踏車租借）：
http://www.chichibuji.gr.jp/?page_id=1858

前往龍勢會館公車班次表：
http://www.city.chichibu.lg.jp/menu2030.html（平日）
http://www.city.chichibu.lg.jp/menu2043.html（六日、例假日）

🏠 住宿：

秩父市區的旅館不多，一般商務旅館價格約在5000日幣／人以上。若欲深度走訪秩父，則可選擇周遭溫泉區的民宿或溫泉旅館，服務優質、環境清幽且提供接送的旅館不在少數，價格與秩父市區旅館相比也頗具競爭力，日本兩大訂房網站「JALAN」、「樂天旅遊」皆可預約訂房。

JALAN（日文）：http://www.jalan.net
樂天旅遊（中文介面）：http://travel.rakuten.com.tw

西小學校前
公車站
★

公園

北上往秩父橋

★ 定林寺

札所十七番入口公車站
★

市立病院
公車站
★

豆醬家的駄菓子屋
─★

市立病院入口十字路口
★

劇中的
漢堡店
★

商店街

秩父鐵道
公車轉運站
★

秩父站

秩父神社
★

鐵道旁小路

秩
父

妙見之森公園
★

國道299號

八幡屋本舗
★

秩父第一病院
★

片頭「波波騎車」的場景
★

鐵
道

西武秩父站

公車總站
★

腳踏車租借處

195

片頭曾出現的一景，現實中也充滿著動漫廣告。

10

我的妹妹
哪有這麼可愛！

解謎 × 體驗 × 敗家，巡禮永無止盡！

名稱：《我的妹妹哪有這麼可愛！》
　　　（俺の妹がこんなに可愛いわけがない）
播映時間：
日本：2010 年
台灣：2012 年開始由木棉花國際發行 DVD 版
製作公司：AIC Build

「人生商談」──高坂桐乃。

不知道大家身邊有多少「隱性動漫宅」呢？像桐乃一樣，能跟「非圈內人」毫無障礙地溝通、對服飾與流行有一定的敏感度，甚至成為時尚模特兒的人，與「動漫宅」的形象完全不相符吧？但這種「隱性宅」其實還真的不少，例如說公認打電動成癮的某個姓金城的男明星，或者是在聲優見面會上因興奮而對前輩ＯＯＸＸ的某個姓悠木的女聲優等。由於日本社會同儕壓力大，對非主流文化多半仍有著異樣眼光，因此很多人選擇「低調地宅」，這也就是女主角高坂桐乃對「表」「裡」世界分別經營的原因了。

除了女主角桐乃外，裡面的角色也各自代表了一種日本年輕人的典型，將中二病外顯的「五更琉璃」、天塌下來都能平穩應對的平凡人「田村麻奈實」、堅持主流價值的「新垣綾瀨」、表裡不一的黑心偶像「來栖加奈子」以及刻意反叛社會價值的「沙織・巴吉納」等，用可愛且個性鮮明的美少女角色，暗中突顯當代現象與社會問題，或許就是這部被暱稱為《俺妹》的作品會受到青睞的原因吧！

當然，我不否認也有可能是因為黑貓很萌……桐乃派不要打我！

《俺妹》片頭裡最令人印象深刻的畫面

千葉

　　《俺妹》的場景分佈在千葉縣與東京都內，生活在周邊縣市、玩樂與工作在東京是許多「首都圈居民」共同的生活方式，高坂兄妹以及故事中的角色們也是如此。我搭著車前往離東京市區近一個小時車程的千葉市，本來以為只不過是趟普通的聖地巡禮而已，沒想到卻在途中，讓我意外發現了書中重要命名「由來」。

　　喔～羅密歐，你為什麼是羅密歐呢？（《K-ON！輕音部》田井中律語氣）

千葉市
不是「高坂」而是「藤好」？

　　從 JR「千葉」站下車，我來到了千葉縣治的千葉市，這個縣內重要大城就是《我的妹妹哪有這麼可愛！》的主要場景所在，動畫片頭的「UR 千葉駅」景象，就是從站外的公車候車亭向站房拍攝的。千葉車站周邊當然不僅如此，找尋片頭曲中的「懸吊式單軌電車場景」，才是我的真正目的。

　　在片頭曲及片中都曾出現的單軌電車，其實是稱為「千葉單軌電車」（千葉モノレール）的地方路線，雖僅有幾公里，但故事中主要畫面都能見到它的存在，尤其是片頭中與「SOSO 百貨」一同出現的場景，更是千葉被「認出」並「認定」為聖地的重要指標。

　　我繞過共構的大樓來到了千葉站南的路口，列車從馬路上方鑽進「SOGO 百貨」與辦公大樓中央，除了因為角度（目測劇中角度約在四樓左右）以及 SO"S"O 與 SO"G"O 等差異無法取得一致外，基本上是完全符合的。

　　《魔法禁書目錄》裡出現的「多摩單軌電車」在劇中車身被換了顏色，這邊可是連顏色和細節都百分之百被劇組「山寨」了呢！

日本許多地方交通系統的車資都頗為昂貴，例如「多摩單軌電車」由「立川」至「多摩中心」，比起端點的兩地進入市中心距離還短，但票價硬生生貴上不少，「千葉單軌電車」也是如此。由於預算問題，我選擇徒步前往僅有一站之隔的「千葉公園」。戰前是軍方用地的千葉公園，目前已成為綠蔭繁盛的公共空間，從千葉站徒步前往的話僅需十分鐘左右，不算難走。公園佔地雖廣，還附設有運動場地，不過《俺妹》劇中僅有「引用」公園內的「綿打池」而已，若從 JR 千葉站步行前往，最靠近出入口的池畔一隅，就是片頭曲中列車穿梭的角度了。

從地圖中可以發現，從單軌電車「千葉公園」站走到劇中場景，還得走一段不短的路，選擇不搭車不但省錢，還可以省路，Lucky！

劇中曾經出現的涼亭就在片頭曲場景的不遠處，這個小小的涼亭就是京介與兒時玩伴麻奈實於第三集中「約會」的場景。曾經因

青梅竹馬兩人一起溫書的圖書館

200

上：千葉公園旁即是單軌電車線，劇中甚至連旁邊的松樹都完美呈現了！　中：神社旁的道路，綾瀬即坐在畫面右下方的石垣上。

下：麻奈實與京介獨處的涼亭

為「裡面的人」（簡單說就是聲優）是「佐藤聰美」而一度成為麻奈實派的我，當然不僅只顧拍照，也把握住機會坐在這位可人兒「坐過」的地方囉！不過話說回來，老是在巡禮的我，到底坐過多少角色坐過的位子了啊？

離開公園，我沿著住宅區的巷弄前往不遠處的「千葉市中央圖書館」，在第三集中，京介與麻奈實連袂前往溫書的地方就是這間設計新穎的圖書館，跟《冰果》裡的「高山市圖書館」一樣，館內不允許攝影。我拍下了劇中曾出現的館外一景後，繼續徒步前往僅有不到五分鐘路程的「千葉縣護國神社」。

「千葉縣護國神社」並沒有出現在作品當中，但它的外部，也就是正門外的三岔路口，倒是常常出現在動畫當中。京介、黑貓、麻奈實等人就讀的「千葉縣立千葉弁展高等學校」，也就是現實的「千葉縣立千葉商業高等學校」，就在這條路的不遠處。也就是說，劇組讓綾瀨在 12.5 集（True Route）中坐在三岔路口附近跟京介碰面，而京介與麻奈實放學後自北向南走向三岔路口，是有根據的喔！

在「聖地巡禮」時碰到社寺會進入尋找蛛絲馬跡（基本上就是找痛繪馬）是我的習慣，在這裡也不例外啦！「千葉縣護國神社」是一間當地有數的大神社，雖然因為非假日人不多，但從規模與修繕完善來看，可以推測是頗具規模的神社。

千葉商業高等學校。退後五步用長鏡頭就能拍到跟劇中一模一樣的畫面。

找尋痛繪馬基本上是失敗的，可能是因為去的時間不對，或者是因為這間神社不曾「正式」出現在劇中吧，僅有少數幾張與《俺妹》有關的繪馬，可惜的是並沒有繪師描繪劇中人物，我帶著一點遺憾的心情轉身離開神社。

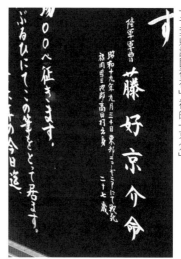

正當要踏出參道時，我無意間瞄了神社的解說牌，這一瞧，讓我停下腳步，因為在「神社成立由來」的旁邊，刻著一篇熱血青年上戰場的訣別遺書，護國神社就像是台灣的忠烈祠，看到這樣的展示我不意外，但上面的署名讓我大為吃驚！

「陸軍軍曹　藤好京介」

京介……這不就是《俺妹》男主角的名字嗎？「京介」並不是一個很菜市場的名字，因此我想伏見老師應該曾看過這塊解說牌，並留下深刻印象吧！而照劇情來看，或許老師不僅「借用」了這殉國青年的名字給桐乃的哥哥，也借用他「奉公」的事蹟，故事中的「高坂京介」是一個為了眾人之事可以犧牲自己的角色，這樣的設定看來還真是有幾分神似呢！

離開了神社，我前往僅有幾百公尺之遙的「千葉縣立千葉商業高等學校」，也就是劇裡的高中原型。以清水混凝土為主體立面，整體走簡約路線風格的新穎校舍，在校門外的對街即可輕鬆拍下。值得一提的是，校門外雜亂無章的電線也被如實繪出，教人不佩服也難啊！

交通：搭乘 JR 總武線至「千葉」站下車，各處皆在徒步可行距離，除千葉高商外皆為開放空間，「千葉市中央圖書館」每週一公休，其餘可自由參觀。

幕張船溜跡公園

社區公園也能當聖地

　　提到幕張，很多人應該都不陌生，因為每年 TGS（Tokyo Game Show）都會在濱海的「幕張展覽館」（幕張メッセ）舉辦，而《幸運☆星》中的黑井奈奈子喜愛的千葉羅德隊主場也在不遠的地方。

劇中曾出現的沙坑設施

　　與這些在「京葉線海濱幕張」站海埔新生地開發的大型設施迥異，「總武線幕張」站附近則是普通的住宅區，從「千葉」站搭乘 JR 總武線，不一會兒就能抵達這個僅有普通車停靠的小站，十五分鐘後，我人已站在這個高坂兄妹與新垣綾瀨「談判」的場所──幕張船溜跡公園。

　　這個叫作「幕張船溜跡」的公園雖然是個普通的社區公園，但取名可是大有來頭，「船溜」在日文裡有「小漁港」的意思；換句話說，這個公園是為了紀念古早的幕張漁港呢！公園裡的遊樂設施配合著「主題」做成船的形狀，也因為明顯的特徵，才讓眼尖的巡禮迷一眼認出。

　　綾瀨多次坐著的涼亭就在船型遊樂設施旁，沙坑裡的烏龜造型雕塑也在應有的位置，劇組幾乎完整打造了這個公園，唯一的差別在於現實的涼亭與設施比較破舊，如果綾瀨家是「設定」在這附近的話，或許劇中光鮮亮麗的公園是由當議員的老爸跟家長會的老媽用實力「修繕」的吧！

船溜跡公園全景，綾瀨曾坐在左邊的涼亭裡。

地址：千葉県千葉市花見川区幕張 3-7730-2
交通：搭乘 JR 總武線至「幕張」站或搭乘京成電鐵至「京成幕張」站下車，徒步 15 分鐘可抵達。

東京

　　《俺妹》的東京巡禮無疑跟市區觀光沒有太大差別，渋谷、台場、秋葉原，怎麼看都是一般旅遊書會出現的地名啊！而這也就是《俺妹》的故事觀：在一個普通到不行的當代日本社會發生的故事。

　　從千葉出發，跟故事中一樣擠著近兩小時電車到台場、到秋葉原、到渋谷去吧！不是去觀光，是去巡禮！

渋谷
水桶是台灣人提供的？

　　為了寫作小說，桐乃跟京介一起到了渋谷取材，JR渋谷站西出口（也就是俗稱的八公口）前的岔路口就是「渋谷篇」的開端。

　　2012年的夏天，以渋谷為據點的大型鐵道公司「東急」宣布將展開大規模的再開發計畫，而此計畫將使渋谷街頭在三五年內「煥然一新」，也就是說《俺妹》劇中的景象可能徹底消失！

故事中出現的渋谷站前大樓，即將在「再開發計畫」中整建。

我五味雜陳地拍下了街頭的景象後，走進了渋谷中央商店街（渋谷センター街）。

不分平假日與晝夜，這條代表渋谷的商店街總是人聲雜沓，我循著兩兄妹取材的道路前進，走了約莫五分鐘，有著「宇田川派出所」（宇田川交番）的三角小公園就在右方，轉了個彎，我來到了公園前。

公園本身並不是我的目標，因為這裡不是龜有，派出所裡不會有兩津也不會有大原所長，《俺妹》〈渋谷篇〉最重要的舞台就是後方的全家便利商店，「努力家」桐乃在這個騎樓拿了一桶冷水自虐式地澆下，為的就是能夠體會小說主人公的感覺。實際到了這個地點可以發現，桐乃真的是個超級完美主義者，因為這條街總是人滿為患，兩人「取材」的時間可是聖誕佳節前夕，寒冬中做出如此犧牲，不是為了「誘惑哥哥」的話，除了敬佩，我實在是不知道該說什麼了……

不過，話說回來，不知道有沒有人跟我有一樣的疑問，那就是故事中那條水管是從何而來的？他們倆也沒有帶水桶……在我思考的同時，一陣台語的吆喝聲傳入耳邊，我回頭一看，原來便利商店的對街就是有名的台灣料理店「龍鬚」（龍の髭），後場的門是開放的，而吆喝的聲音傳自裡面的師傅。

「難道說，桐乃的水是跟台灣人借來的？」或許是我遺漏了細節，但總之我無從查證，若是如此，不妨對廚子喚一聲「台灣之光」吧！（好孩子可千萬別這麼做！）

全家便利商店 渋谷宇田川交番前店
地址：東京都渋谷区宇田川町 32-15
交通：自渋谷站徒步 15 分鐘左右即可抵達。

上：中央商店街入口招牌　下：麻桐乃「自虐」的地方，旁邊即是台灣料理店「龍鬚」。

台場

眾作雲集的所在

　　一般人想到台場，大概都是富士電視台或彩虹大橋吧。不過桐乃、黑貓、沙織當然不是一般人，對她們來說，逛台場就等於逛「東京國際展示場」囉！

　　廣義上的「台場」包括了東京灣上的台場、有明、青海等人工島，做為 20 世紀末大規模計畫下的開發區，有明建起了東京都內最大的會展中心，也就是那長得像四隻第五使徒的「東京國際展示場」。

　　通稱「Tokyo Big Sight」的展示場之所以會成為桐乃們乃至於阿宅的聖地，起因於一年舉辦兩次的全世界最大同人展售會「Comic Market」。被暱稱為「Comiket」的展售會自 1996 年起在這裡舉行，不僅每年吸引成千上萬的動漫迷前往失心瘋，許多提到「宅」的動畫也都會帶到這場盛會，例如《輕鬆百合》裡京子曾前往擺攤賣同人誌、《幸運☆星》中主角四人也曾前往，而《Comic Party》更是影射「Comiket」的故事。由於《俺妹》的主角們住在千葉縣，所以和其他動畫不一樣的是，桐乃一行人在動畫中不是搭乘一般人熟悉的「百合海鷗號」，而是搭乘可以連接「JR 京葉線」的「臨海線」（りんかい線），桐乃的戰利品在「表界」朋友綾瀨前散落一地的場景，可是在臨海線的「國際展示場」站前廣場呢！

交通：搭乘百合海鷗號至「國際展示場正門」站或臨海線至「國際展示場」站下車。

上：桐乃「裡興趣」被「表朋友」發現的場所 中：像極了使徒的「東京國際展示場」 下：入口一景，劇中被改成「Tokyo Ocean Sight」。

就算不是展覽期間，有明周遭仍有不少動漫廣告。

秋葉原

世界性的阿宅聖地

　　大好人哥哥高坂京介與病嬌（？）美少女新垣綾瀨為了桐乃的生日禮物，騙加奈子cos成梅露露上台的戲，我想《俺妹》迷應該都不會陌生，這場COSPLAY大賽的真實舞台，其實就是「秋葉原UDX」附設的活動會場「AKIBA SQUARE」。這棟擁有商辦與展覽功能的地標建築位於JR「秋葉原站電器街」出口邊，高聳的玻璃帷幕建築與秋葉原花花綠綠的風格不甚搭嘎，但許多展覽跟活動可都是在這裡舉辦呢！從電器街口出站後向右行，我爬上連接UDX二樓的空橋，京介與綾瀨一同前往會場步道的戲就是取景於此，劇中出現的大樓外觀也是從空橋上拍攝。

　　《俺妹》從第二集的「宅女集合網聚」開始，許多「特殊事件」都以秋葉原電器街口出來的廣大阿宅商店街做為舞台。

　　不愧是阿宅聖地秋葉原，大電視牆上播放著「冰菓」的廣告，全世界唯一可以這麼大手筆宣傳「宅」的地方，大概也只有這裡了吧！我看了兩三段後離開UDX，繞進小巷，走進了一間公仔專賣店，架上放著滿滿的「聖天使黑貓」figma，兩個金髮碧眼的洋人講著我聽不懂的洋話，不過只有一個字我聽得懂，就是「Kuroneko」……

　　我放下對照圖，收起了相機。
　　來到阿宅聖地，誰還巡禮啊，當然是大買特買啦！！！

秋葉原站電器街出口隨處可見動漫宣傳廣告

秋葉原ＵＤＸ

巡禮攻略

💡 行程安排：

　　《我的妹妹哪有這麼可愛！》的主要舞台位於東京東邊，約一小時車程左右的千葉市區，利用半天多一點的時間即可輕鬆制霸，各點間的距離皆不會太遠，由於地標明顯，十分建議想感受日本住宅區風情的人以步行方式巡禮！東京的渋谷、台場（有明）及秋葉原三處，建議可以一般旅遊計畫為主、巡禮為輔的方式進行，三地巡禮皆不會花費太多時間。

🚗 交通：

　　自秋葉原或東京車站出發，皆可利用直達千葉市的 JR 總武線，自山手線圈內各站出發之票價約在 600 日幣上下，車程約在一小時內，十分便捷。

　　若要前往有明的「Tokyo Big Sight」，而當天持有「Tokyo Metro 一日券」或自秋葉原或市內東邊前往者，建議可搭乘地鐵「有樂町」線至「豐洲」站換乘百合海鷗號，會比一般自新橋前往台場地區要快且便宜；自千葉前往，建議利用「臨海線」至「國際展示場」站下車，不繞路且便捷，路程約需一個半小時左右。

🏠 住宿：

　　《俺妹》的活動範圍皆在東京或鄰近的千葉，可選擇東京市內各地落腳，或直接購買旅行社「機加酒」套裝行程。考量到轉車便利性與購物方便性，建議以市區東側的上野、秋葉原、淺草、東京等地為宜；若預算不足，則可選擇以常磐線連接市中心的「北千住」地區，該地至秋葉原僅需換乘一次，至成田機場也可經由京

成線抵達，高 C/P 值旅館皆分佈於車站四周。日本兩大訂房網站「JALAN」、「樂天旅遊」皆可預約訂房。

🛒 購物：

做為日本乃至世界最大的阿宅聖地，秋葉原堪稱阿宅的天堂與地獄，隨便一樣東西都堪稱「台幣當日幣」的秋葉原絕對是阿宅的天堂，但宅物當前，口袋不夠深的話，恐怕就變成地獄乃至煉獄了。

初次前往秋葉原，可先以連鎖的 Animate、Gamers、虎之穴、指南針、Sofmap 等店為目標遊逛，製作公仔的「壽屋」、GSC（GOOD SMILE X 卡拉 OK 鐵人）餐廳等也是初級版的宅店，標價與商品狀況清楚，十分適合沒時間閒逛或初來乍到的新手阿宅。若已有一定的經驗值之後，可以 Liberty（リバティー）、Akibaoo（あきばお〜）之類的店家為目標，在秋葉原有多家連鎖，價格比「初學者」等級店家還便宜是這類商家的一大特色，部分新古品（中古未開封品）的價格低到嚇人，值得前往挖寶。

秋葉原最大的「資產」則是一家家位於巷內或隱身大樓內的非連鎖小店，若要尋找夢幻逸品、特殊商品的話，可以放膽進去找找，通常都能露出令你滿意的微笑。

能夠全身而退離開秋葉原的阿宅永遠只是少數，銀彈夠的話，絕對可以滿載而歸，但 hinac 在此仍要提醒各位：

別買太多！忘了跑郵局的話，可是會上不了飛機的！

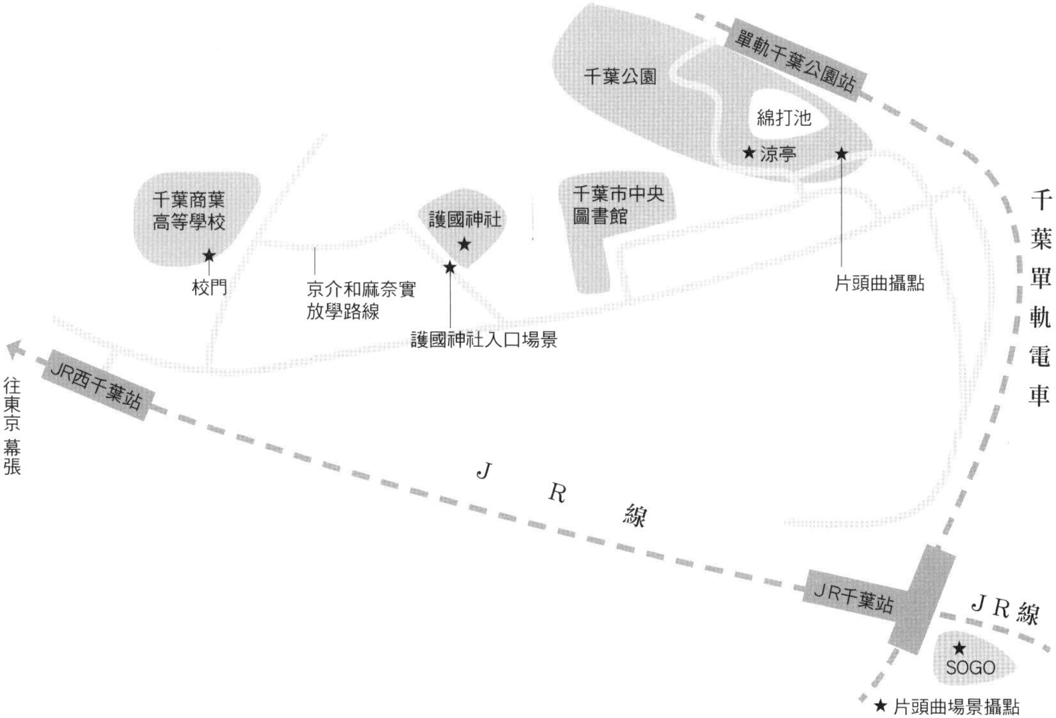

千葉公園

單軌千葉公園站

綿打池

★涼亭 ★

千葉市中央
圖書館

千葉商葉
高等學校

護國神社
★

千葉單軌電車

★校門

京介和麻奈實
放學路線

護國神社入口場景

片頭曲攝點

JR西千葉站

往東京幕張

J R 線

JR千葉站

J R 線

★
SOGO

★ 片頭曲場景攝點

動漫聖地巡禮須知

　　由於近年動漫畫取材自實景的狀況越趨普遍，以「聖地巡禮」為目的出遊的人們日漸增加。因為作品取材的舞台許多皆非典型的觀光區或公共空間，在「樹大有枯枝」的情況下衍生了許多問題，以下是日本巡禮迷們相互約定的巡禮規範，要前往各動畫舞台朝聖的話，可千萬不要犯下錯誤，當個失格的旅人喔！

　　❶在住宅區中巡禮需有禮貌、保持安靜，因為不是觀光區，所以必須嚴格且確實遵守，若以單一獨棟住宅做為拍攝內容，則該照片需使用馬賽克掩蓋所有私領域情報，對方提出下架要求時則需立即處理。

　　❷千萬不得任意踏入學校場景，尤其是中小學或女校，以免造成校方困擾，也壞了動漫迷和台灣人的名聲。

　　❸不得在未經對方同意的情況下拍攝以人像為主的相片，尤其無端拍攝女學生照片（尤其是做為「聖地」的學生）在日本是可以被當成「癡漢」處理的。

　　❹絕對不能破壞當地環境，垃圾一定要自行帶走。

　　❺在公共空間，例如神社、車站等場合不得做出會使他人困擾的事，例如大喊「○○○是我老婆」之類的，絕對是禁止的行為。

　　❻拍攝人像照需申請，無論是否營利。例如在路邊或各種場合拍攝 Cosplay 作品需向管理單位申請許可，並繳交一定費用後才得拍攝。

巡禮裝備

俗語說「工欲善其事，必先利其器」，想前往日本巡禮，除了不能忘了護照、機票、訂房、相機之外，以下的一些物品建議可以斟酌自己的能力攜帶或購買，或許可以讓朝聖之旅事半功倍喔！

❶**智慧型手機**：一支可以在日本上網的智慧型手機，幾乎是巡禮者的「標準配備」了。無論是臨時查詢車班資訊、地圖或是其他巡禮者的紀錄，還是將動畫截圖後隨時按圖索驥，智慧型手機統統都能辦到，它不僅是七大武器之首，更是巡禮者的強兵力器！（當然啦，如果有錢、有體力或眼睛不好，平板也可以！）

❷**手機 app**：有了智慧型手機，那該裝些什麼 app 好呢？以下的免費 app 是 hinac 用過且推薦的：（以 iOS 與 android 為主，部分需〇〇，我想大家都懂我的意思吧）

●GOOGLE MAP：google map 可說是非用不可的 app 了，配上 GPS 定位，在日本想迷路都難！

●HYPERDIA：日立（HITACHI）出品的搭車／轉車查詢系統，介面簡單，最大的優點是可以僅查詢 JR 或私鐵路線，有使用周遊券的話十分便利。

●Ｙ！ログ乘換：比 HYPERDIA 更強大的搜尋引擎，由日本 Yahoo 製作，可以依照抵達時間、轉車次數、價格來搜尋，可惜的是無法單獨搜尋 JR 或私鐵路線，建議可搭配 HYPERDIA 使用。

●東京アメッシュ（iOS）／雨っす（android）：老是碰到東山飄雨西山晴的窘境？這個 app 可以即時查詢首都圈的雲雨雷達圖，碰到雷陣雨就可以機動地轉移陣地啦！

●ウェザーニュースタッチ（weather news touch）：日本最大氣象風險公司推出的 app，可快速且方便地查詢各地天氣。

❸ B-Mobile Sim 卡：

有了手機、app，若沒有辦法上網豈不白搭？短天數的巡禮可使用電信公司推出的漫遊服務，長時間（7 天含以上）就建議購買日本 B-Mobile 推出的 3G 上網服務囉！純上網的 3G Sim 卡有分高速 1G 定量卡與低速吃到飽卡，皆可使用 14 天，前者還可撥打網路電話，費用為 3980 日幣，十分划算。

❹ 各式周遊券：

在日本旅行，高昂的交通費總是讓很多人傷透腦筋。如果需要長距離移動，使用 JR-PASS 是最划算的選擇了！最便宜的七天期票券僅搭乘一趟東京大阪來回就值回票價，堪稱是小氣旅人的救星。若只在小區域旅遊，也可使用書中介紹的各式周遊券，尤其很多優惠僅針對外國觀光客提供，不要懷疑！拿出護照，大膽買下去吧！

JR-PASS 洽詢網頁：http://www.japanrailpass.net/zh/zh001.html

❺ 電子票證：

跟台灣一樣，日本各地也發行有各式電子票證；以方便度來說，JR 東日本發行的 SUICA 是最多人使用的票證，不僅關東地區是其勢力範圍，全日本使用電子票證的區域幾乎都可以用這張小企鵝卡通行無阻，還沒有 SUICA 嗎？到日本後快去買一張囉。

本書中所提及的「術語」

　　本書中提及許多阿宅專用「術語」，相信很多人都不陌生吧（話說這樣我也比較好寫就是了）？不過為了許多「不夠宅」的朋友們，在這裡還是稍微整理與解釋一下好了，才……才不是為了你這麼做的呢！（臉紅）

絕對領域	指的是裙子下方至長襪上方的一塊「區域」，據說最完美的絕對領域位在 10 ～ 15 公分左右。
××控	即是 ×× 迷的意思，蘿莉控當然就是迷蘿莉的人，聲優控當然就是迷聲優的人，順道一提，我本人是制服控。
顏文字	用符號或文字創作出來的表情符號，例如：(;´Д`)或（＝ω＝、），後者有一顆痣的表情符號，猜得出來是哪位角色的專屬顏文字嗎？
紳士	出自《搞笑漫畫日和》，當中的變態角色熊吉曾有云：「我不是變態！就算是的話，也只是個喚作變態的紳士！」，自此之後「紳士」在動漫圈多帶有「變態」的意思，女性的「紳士」角色則被稱為「淑女」，例如白井黑子。
中二病	青少年時期的自以為是言行，由於特發於中學二年級時，故以「中二病」稱之。（六花是我的，大家別搶喔喔喔～）
灑必死	也就是日文中的「サービス」，通常指動畫角色帶給讀者眼睛吃冰淇淋的「福利」。
現充	「現實中充實者」的簡稱，通常指事業（學業）、感情兩得意的人。

虛擬地名與實際地名對照表

劇中地名	實際地名
K-ON！輕音部	
10GIA	JEUGIA
桜ヶ丘女子高校	豊郷町立豊郷小学校旧校舎群
涼宮春日的憂鬱	
光陽園学院	夙川学院中学校・高等学校
光陽園	甲陽園
北高	西宮北高等学校
珈琲屋 夢	珈琲屋ドリーム
Wolks（慶功宴的牛排館）	Volks
夙川商店街	尼崎中央商店街
ヤマツチモデルショップ	ワンワン玩具店
熊井精肉店	食肉館
大森電器	三和電器
森村青果	小西青果
花開物語	
湯乃鷺温泉	湯涌温泉
福屋	秀峰閣
喜翠荘	白雲樓
香林高校	金沢美術工芸大学
湯乃鷺駅	西岸駅
小松崎駅	能登中島駅
冰果	
神山市	高山市
神山神社	白山神社
荒楠神社	日枝神社
神山高校	斐太高校
神山市図書館	高山市図書館煥章館

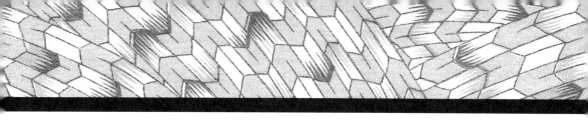

喫茶一二三	喫茶去かつて
パイナップルサンド	喫茶バグパイプ
千反田邸	庄屋屋敷—加茂荘

我的朋友很少

聖クロニカ学園 (校園中庭)	長良公園沈床花園
遠夜西駅	西岐阜駅
遠夜駅	高崎駅
柏崎邸	旧前田侯爵邸洋館

侵略！花枝娘

OR 倉鐮駅	JR 鎌倉駅
沖田邸（《TARI TARI》）	淨智寺
倉鐮高校	七里ヶ浜高等学校
陵南高校（《灌籃高手》）	鎌倉高校

幸運☆星

糖武鉄道	東武鉄道
糖日部駅	春日部駅
陵桜学園	春日部共榮高校
鷹宮	鷲宮

魔法禁書目錄系列

JonaGarden	Jonathan's
Parallel Sweets Park	三井アウトレットパーク多摩南大沢
劇場薄明座	武藏野市文化会館

我的妹妹哪有這麼可愛！

UR 千葉駅	JR 千葉駅
SOSO	SOGO
中央図書館	千葉市中央図書館
千葉弁展高等学校	千葉商業高等学校
Tokyo Ocean Sight	Tokyo Big Sight
秋葉原 UOX	秋葉原 UDX

＊僅列出本書出現的重要地點，皆使用日文原名，找不到地點的話直接「指」給路人看吧！

國家圖書館出版品預行編目資料

次元突破！動漫迷的聖地巡禮 / hinac著.--初版.--臺
北市：平裝本. 2013.2
面；公分（平裝本叢書；第377種）
（iDO；67）

ISBN 978-957-803-851-6（平裝）

855   01028075

平裝本叢書第377種
iDO 67

次元突破！
動漫迷的聖地巡禮

作　者—hinac
發 行 人—平雲
出版發行—平裝本出版有限公司
　　　　　台北市敦化北路120巷50號
　　　　　電話◎02-27168888
　　　　　郵撥帳號◎18999606號
　　　　　皇冠出版社(香港)有限公司
　　　　　香港上環文咸東街50號寶恒商業中心
　　　　　23樓2301-3室
　　　　　電話◎2529-1778　傳真◎2527-0904
責任主編—龔橞甄
責任編輯—金文蕙
美術設計—程郁婷
著作完成日期—2012 年 12 月
初版一刷日期—2013年2月

●皇冠讀樂網：www.crown.com.tw
●小王子的編輯夢：crownbook.pixnet.net/blog
●皇冠Facebook：www.facebook.com/crownbook
●皇冠Plurk：www.plurk.com/crownbook

1000 **折價券**

★折價券使用注意事項★
1. 折價券限折抵2013/03/01~2013/06/20前出發之雄獅日本線團體旅遊產品。
2. 本券可與其他優惠合併使用。清倉、特惠團型及團體自由行恕不適用。
3. 本券需持正本才可享團費折抵。每人每券每次限使用乙張，不可重複及合併使用。
4. 本券不得兌換現金、找零或其他等值旅遊商品
5. 持本券優惠，限全程參團、脫隊、湊票、嬰兒和JOIN等不適用
6. 產品價格依雄獅旅遊網站公告售價為準。恕無法透過旅遊同業報名折抵使用。請至全省雄獅門市報名。
7. 產品售價、相關規則與內容細則，請參照雄獅旅遊網產品訂購頁內容說明與注意事項。
8. 本券限於產品出發前報名使用。團體出發後恕無法折抵。
9. 本券報名折抵後，恕無法退還。如有取消參加團體行程時亦同。
10. 雄獅旅遊保有修改活動辦法及折價之權利。

1000

雄獅旅遊 www.liontravel.com　國外團體旅遊專線：台北02-87939669　台中04-24159888　高雄07-2137799

1000 **折價券**

★折價券使用注意事項★
1. 折價券限折抵2013/03/01~2013/06/20前出發之雄獅日本線團體旅遊產品。
2. 本券可與其他優惠合併使用。清倉、特惠團型及團體自由行恕不適用。
3. 本券需持正本才可享團費折抵。每人每券每次限使用乙張，不可重複及合併使用。
4. 本券不得兌換現金、找零或其他等值旅遊商品
5. 持本券優惠，限全程參團、脫隊、湊票、嬰兒和JOIN等不適用
6. 產品價格依雄獅旅遊網站公告售價為準。恕無法透過旅遊同業報名折抵使用。請至全省雄獅門市報名。
7. 產品售價、相關規則與內容細則，請參照雄獅旅遊網產品訂購頁內容說明與注意事項。
8. 本券限於產品出發前報名使用。團體出發後恕無法折抵。
9. 本券報名折抵後，恕無法退還。如有取消參加團體行程時亦同。
10. 雄獅旅遊保有修改活動辦法及折價之權利。

1000

雄獅旅遊 www.liontravel.com　國外團體旅遊專線：台北02-87939669　台中04-24159888　高雄07-2137799

1000 **折價券**

★折價券使用注意事項★
1. 折價券限折抵2013/03/01~2013/06/20前出發之雄獅日本線團體旅遊產品。
2. 本券可與其他優惠合併使用。清倉、特惠團型及團體自由行恕不適用。
3. 本券需持正本才可享團費折抵。每人每券每次限使用乙張，不可重複及合併使用。
4. 本券不得兌換現金、找零或其他等值旅遊商品
5. 持本券優惠，限全程參團、脫隊、湊票、嬰兒和JOIN等不適用
6. 產品價格依雄獅旅遊網站公告售價為準。恕無法透過旅遊同業報名折抵使用。請至全省雄獅門市報名。
7. 產品售價、相關規則與內容細則，請參照雄獅旅遊網產品訂購頁內容說明與注意事項。
8. 本券限於產品出發前報名使用。團體出發後恕無法折抵。
9. 本券報名折抵後，恕無法退還。如有取消參加團體行程時亦同。
10. 雄獅旅遊保有修改活動辦法及折價之權利。

1000

雄獅旅遊 www.liontravel.com　國外團體旅遊專線：台北02-87939669　台中04-24159888　高雄07-2137799

賞桜最前線

預購最高
減$3,000

日本 最粉嫩的季節 春櫻吹雪 五感體驗

 賞櫻 行程推薦

五星九州賞櫻百選～長崎夜景.豪斯登堡花季饗宴.阿蘇纜車.溫泉 5 日(KITTY彩繪機)
特價 **30,900**元起

標準團名：春櫻五星九州夜景　出發日期：3月~4月
★玩家必遊理由：雙纜車、賞百花、嚐美食，心動之旅就此展開~

五星四都京阪神奈～琵琶湖遊船.櫻之哲學之道.円山公園夜櫻.有馬溫泉五日
特價 **38,900**元起

標準團名：櫻艷五星四都韻味　出發日期：3月~4月
★玩家必遊理由：五星住宿、櫻花隧道、琵琶湖遊船、精緻美饌

 更多 推薦行程

五星東京迪士尼～晴空塔.宮崎駿.富士山美景溫泉5日【KITTY彩繪機】(松山羽田)
特價 **26,900**元起

標準團名：五星東京螃蟹KT(羽田)
★特別安排：入住2晚五星旅館及1晚景觀溫泉飯店
★雙樂園：東京迪士尼樂園+三鷹之森吉卜力美術館

北海道~《預購最高減$6,000》定山溪.旭山動物園.Nikka威士忌.小樽DIY.螃蟹溫泉五日
特價 **37,900**元起

標準團名：玩樂微醺北國溫泉
★特別安排享用【帝王蟹+長腳蟹+毛蟹】三大螃蟹無限食放題

北陸~雪景紛飛.月兔之里.古都郡上八幡.JR大系線.湯泉五日 (小松進出)
特價 **26,888**元起

標準團名：超值北陸湯泉雪紛飛　出發日期：2/18~3/31
★米其林三星景點特別推薦：白川鄉合掌村、兼六園、高山上三之町古街、【妻籠宿 或 馬籠宿】遊覽江戶時代氣息的古老街道。
★特別加贈 3 品郡上八幡古城區中的著名傳統小點，品嚐郡上美食小吃的風味！

雪戀東北~懷舊鐵道.秋田美食.松島灣美景.名勝湯泉四日
特價 **25,900**元起

標準團名：超值雪戀東北四日
★保證入住！大湯溫泉鹿角飯店
★特別安排秋田內陸縱貫線~復古懷舊列車體驗

雄獅旅遊
www.liontravel.com

國外團體旅遊專線：台北02-87939669　台中04-24159888　高雄07-213779